初中生如何学概率：

学习进阶及其影响因素的视角

◎ 何声清 著

上海教育出版社
SHANGHAI EDUCATIONAL
PUBLISHING HOUSE

序

概率素养日渐成为当今社会公民必备的一项数学素养。自
20 世纪 80 年代末开始，美国、英国、澳大利亚等国家陆续将"概
率"引进中小学的数学课程。我国教育部于 2001 年颁布的《全
日制义务教育数学课程标准（实验稿）》首次将概率作为与几何、
代数相平行的内容纳入中小学的课程体系中去。自此，概率这个
迷人的领域"飞入寻常百姓家"。在教育部 2012 年颁布的《义
务教育数学课程标准（2011 年版）》中，有关概率内容的学段目
标、内容设计等又进行了较大幅度的调整。然而，教学实践提示
我们：概率不好学，也不好教。究其原因，一方面是因为不少教师
在其自身的基础教育阶段并没有接触过概率知识，另一方面是因
为人们对于概率的学习总是伴随着各种各样的直觉。要解决概率
难学、难教的现实难题，一个根本问题是：学生到底是如何学概率
的？只有弄清楚这个问题，探查学生端概率学习的实然规律，才
能据此"以学定教"，切实制定教学端的应然路径。

基于这样的思考，声清博士聚焦初中生概率内容的学习进阶
开展了探索。在这项研究中，声清博士采用分层随机取样的方式
选取了七—九年级学生为研究对象，通过探查学生关于概率内
容的学习进阶、影响因素及其作用机制，为该领域内容的难度定
位、教材编排及课堂教学等提供了实证依据。概括起来，这项研
究有三个主要的创新点。一是，该研究先后经历概念解构、模型
假设、实证分析、模型验证等环节，厘清了初中生概率内容学习进

阶的规律。二是，构建了初中生概率内容学习进阶影响因素及其作用机制模型，不仅回答了"哪些因素影响了学生的学习进阶"，还回答了"这些因素是如何影响了学生的学习进阶"。三是，在数据分析方面突破了传统统计技术的局限。该研究采用拉什模型（Rasch Modeling）探查学生关于概率内容的学习进阶，规避了经典测量理论的局限，确保了学习进阶刻画过程的客观性。采用结构方程模型（Structural Equation Modeling）探查了影响学习进阶的关键因素及其作用机制，系统地分析了测量模型和结构模型，大大降低了统计误差。

在这项研究中，声清博士以小见大，得到了一些有价值的结论：一是关于初中生概率内容的学习进阶。学生对于古典概率的学习进阶基本遵循着从定性认识到定量认识的规律，即在"概率比较→概率计算→样本空间"的序列中得以进阶，各年级学生之间在不同子概念上的进阶幅度均存在差异。二是关于影响初中生概率内容学习进阶的关键因素及其作用机制。在从"样本空间"向"概率计算"进阶的过程中，"样本空间"概念的加深能够通过促进"可度量性直觉"和消除"等可能性偏见"来提升学生的"概率计算"能力。在从"样本空间"向"概率比较"进阶的过程中，"样本空间"概念的加深能够消除其持有的"等可能性偏见"和"代表性启发"，并且能够据此来提升其"概率比较"的能力。在从"概率计算"向"概率比较"进阶的过程中，常常因其持有的"代表性启发"在概率比较时放弃概率计算的结果。

基于对研究结论的讨论，声清博士也对概率的学与教提出了有益建议：一是，《义务教育数学课程标准（2022年版）》在《义务教育数学课程标准（2011年版）》的基础上，对于概率内容的难度定位和内容设计做了进一步完善，进一步凸显了从定性认识到定量认识的宏观脉络，这是十分合理的，适应了学生的学习进阶规律。二是，适时渗透组合知识并建立其与"列举法、树状图法求概率"的联系。三是,需进一步渗透概率可度量性等观念。四是,关于"等可能性偏见"的消除,应在随机性概念与概率定量化之间的过渡环节下足功夫,还应引导学生找到可靠法则进行概率计算。五是,关于"代表性启发"的消除,应帮助学生加强对概率可度量性的认识。

自 2015 年跟随我攻读博士学位开始,声清博士就开始构思和设计这项研究,其间我们有过多次深入讨论,最终明确了研究的选题。在随后的几年里,声清博士在北京中学开展了预研究,在青岛收集数据并开展了主体研究,在上海开展了延伸研究。通过这样"小题深做"的研究,声清博士逐渐建立了自己的研究体系。因疫情原因,我和声清博士近年来相聚不多,但我们一直保持密切的联系,我也见证了他在数学教育研究方面的成长。期望声清博士在概率的学与教领域继续深耕细作,取得更多有价值、有创意、有生命力的研究成果。

綦春霞

2022 年春于北京师范大学

目 录
Contents

第一章

绪论

第一节　研究缘起

在大数据时代，概率素养日渐成为当今社会公民必备的一项数学素养。在课程方面，概率内容自 20 世纪 80 年代陆续进入世界各国的数学课程标准之中，我国的数学课程标准也在 2001 年首次纳入概率内容。时至今日，概率内容进入我国数学课程已然有二十多年了，其间经历数次修订并形成了当前的最新版。在此过程中，大量的教学实践和实证研究都一再证实：学生的概率学习困难重重[1]，教师的概率教学也存在诸多困难[2]。综合以上分析，一个基本的问题是：学生是如何学习和发展概率概念的？带着对这个基本问题的思考，研究者通过文献述评等工作逐步厘清了本研究的具体问题。本部分将从四个方面（即"概率素养""概率课程""概率教材"及"概率教学"）详细阐述本研究的现实背景，并据此逐步厘清本研究的主体内容。

一、概率素养日渐成为大数据时代公民必备的数学素养

从"信息时代"到"大数据时代"，我们的生活越来越多地与各类数据相联系着：在个人生活方面，我们对天气的预测、股市的判断、理财的决策等都离不开必要的信息依据；在社会发展方面，相关部门对经济的增长、证券期货的变动、物价指数的涨跌等的计算都建立在大量可靠的信息之上；在科学研究方面，科研人员对药物疗效的判断、疾病传播的预计、教育质量的监测等都有赖于对大规模数据的分析。

---

[1] 李俊. 中小学概率的教与学 [M]. 上海：华东师范大学出版社，2003.

[2] 李杰民，廖运章. 条件概率的本质及其教学建议 [J]. 数学教育学报，2021，30（1）：54—60.

在上述生活、生产方式的变革中，统计素养（statistics literacy）越来越成为当今社会公民必备的数学素养[1]；而除此之外，新近研究还特别将概率素养（probability literacy）纳入当今时代人们所必须具备的基本素养之中[2]。前者一般体现在，人们常常需要收集大量的数据并据此提取有价值的信息及作出合理的决策，这就需要具备必需的数据观察、收集、描述、分析与应用方面的能力；而后者则一般体现在，人们需要把握随机现象的规律性和稳定性，这正是人们运用统计知识的基本前提。统计与概率与我们的日常生活和社会发展等都有着密切的联系，统计观念和随机思想也逐渐成为现代社会公民必备的思维方式。

美国国家教育与学科委员会（National Council on Education and the Disciplines，简称NCED）的负责人曾指出：有数学素养意味着公民对公式及程式的敏感，具备用数学的眼光观察世界的预感性（predisposition）及定量地评估社会复杂事件的能力。此外，他还明确提出将"解释数据"（interpreting data）和"决策"（making decision）两项内容纳入数学素养的核心要素框架[3]。弗赖登塔尔研究所所长、国际学生评估项目（Program for Inernational Student Assessment，简称PISA）中数学素养设计主席朗其（Lange）在梳理"数学素养"概念发展时也曾提出，尽管数学素养的概念体系比较复杂，然而若从知识领域来看，当前常用的"计算能力"（numeracy）和"数量化素养"（quantitative literacy）都不足以概括它的全部内容，因为前者主要强调的是数字层面的素养，而后者则偏重于数量化层面的素养[4]。在他梳理的"数学素养"概念发展的谱系框架（图1-1）中，就明确将"不确定性"（uncertainty）纳入数学素养的基本要素之中。

[1] Gal I. Adult statistical literacy: Meanings, components, responsibilities [J]. International Statistical Review, 2002, 70 (1)：1–25.

[2] Nilsson P & Li J. Teaching and Learning of Probability [C]. In S J Cho (Ed.), The Proceedings of the 12th International Congress on Mathematical Education: Intellectual and Attitudinal Challenges. New York: Springer, 2015：437–442.

[3] Steen L A. Mathematics and democracy: The case for quantitative literacy [M]. New Jersey: The Woodrow Wilson National Fellowship Foundation, 2001.

[4] Lange J. Mathematical literacy for living from OECD-PISA perspective [J]. Tsukuba Journal of Educational Study in Mathematics, 2006 (25)：13–35.

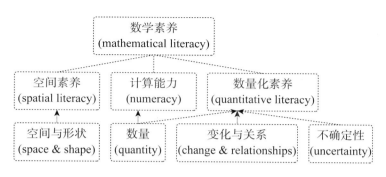

图 1-1 "数学素养"概念的源与流

从我国当前数学教育研究的趋势来看，已经有一些研究将几何素养[1]、代数素养[2]作为学位论文的研究方向，对有关统计素养内涵等问题也有了初步的探索[3]。然而，有关概率素养的研究相对较少，有关学生概率概念认知水平、形成和发展过程的研究也比较匮乏。概率作为近二十年来义务教育阶段数学课程标准的新领域，当前的课程和教材能否适应学生对于这部分内容的学习？对这个问题的回答尚待深入探查学生概念学习的实际过程。

二、概率内容已然成为中小学数学课程的核心领域之一

正如法国著名数学家拉普拉斯（Laplace P S）所指出的：生活中最重要的问题实际上多半是概率问题。严格地讲，人们甚至可以说几乎所有知识都是或然性的[4]。古今中外的数学家都一再强调概率内容的学科意义与教育价值，概率内容走进中小学数学课程的重要性及必要性不言而喻。身处信息爆炸与大数据时代的背景下，"随机现象"和"不确定性事件"充斥着我们的日常生活，这需要我们从"随机"中探索"规律"，从"不确定性"中发现"一般性"，并据此作出相对可靠的决策与判断。

[1] 苏红雨. 学生几何素养的内涵与评价研究 [D]. 上海：华东师范大学，2009.

[2] 桂德怀. 中学生代数素养内涵与评价研究 [D]. 上海：华东师范大学，2011.

[3] 李俊. 论统计素养的培养 [J]. 浙江教育学院学报，2009（1）：10-15.

[4] 美国数学及其应用联合会. 数学的原理与实践 [M]. 申大维，等译. 北京：高等教育出版社，1988：340.

如我们所知，统计内容在数学课程中的地位日渐提升。概率内容亦如此——将该领域知识融入中小学数学课程的浪潮兴起于 20 世纪 80 年代。例如，全美数学教师理事会（National Council of Teachers of Mathematics，简称 NCTM）在 1989 年发布的《美国学校数学课程与评估标准》（Curriculum and Evaluation Standards for School Mathematics）中明确提出在 K–12 年级的各个学段贯穿设置概率的相关内容[1]。2000 年出台的《美国学校数学教育的原则和标准》（Principles and Standards for School Mathematics）则进一步明确了中小学数学课程中概率内容的设置要求，并提出加强学生概率学习的体验及为他们提供情境丰富的概率活动[2]。除此之外，加拿大[3]、澳大利亚[4]、新西兰[5]等国家的数学课程也对概率内容的设置和教学目标等作了明确规定。

相比欧美国家，我国概率内容在基础教育阶段的课程实施起步较晚。2001 年颁布的《全日制义务教育数学课程标准（实验稿）》（简称《课程标准（实验稿）》）第一次将概率内容纳入基础教育阶段[6]。《义务教育数学课程标准（2011 年版）》（简称《课程标准（2011 年版）》）在实验稿的基础上降低了概率内容的要求和难度，第三学段才要求对可能性的大小数量化[7]。2022 年，教育部颁布《义务教育数学课程标准（2022 年版）》（简称《课程标准（2022 年版）》），对于概率内容在义务教育阶段的内容定位和学习步次进行了再度完善，总体确定了

[1] National Council of Teachers of Mathematics. Curriculum and evaluation standards for school mathematics [S]. Reston, VA: Author, 1989.

[2] National Council of Teachers of Mathematics. Principles and Standards for School Mathematics [S]. Reston: NCTM, 2000.

[3] Western and Northern Canadian Protocol Common Curriculum Framework for K-9 Mathematics. The common curriculum framework for K-9 mathematics [S]. Alberta Education, Alberta, Canada, 2006.

[4] Australian Education Council. A national statement on mathematics for Australian schools [S]. Carlton, VIC: Curriculum Corporation, 1991.

[5] Ministry of Education. Mathematics in the New Zealand curriculum [S]. Wellington: Ministry of Education, 1992.

[6] 中华人民共和国教育部. 全日制义务教育数学课程标准（实验稿）[S]. 北京：北京师范大学出版社，2001.

[7] 中华人民共和国教育部. 义务教育数学课程标准（2011 年版）[S]. 北京：北京师范大学出版社，2012.

由定性认识到定量认识的学习路线[1]。问题是：第三学段学生对于概率内容的学习是否适应当前课程标准的要求？从根本上说，一个尚待厘清的问题是：学生到底是如何学习和进阶概率概念的？

三、对当前数学教材中概率内容编排顺序的思考

伴随课程标准的修订，教材关于概率内容的编排也经历了调整。以浙江省中小学数学教材为例，该省在小学阶段一般使用人教版教材，该教材实验版中"概率"模块的编写顺序是[2]：

（a）对"随机性"的认识（第 5 册例 1、例 2）；

（b）对"概率大小"的初步认识（第 5 册例 3、例 4）；

（c）对"等可能性"的感知（第 9 册例 1）；

（d）对"概率大小"数量化的认识（第 9 册"做一做"）；

（e）对"用分数表示概率"的初步认识（第 9 册例 2）；

（f）对"样本空间"（即随机试验所有可能的结果）的认识（第 9 册例 3）。

该教材修订版中"概率"模块的编写顺序是：

（a）对"随机性"的认识（第 9 册例 1）；

（b）对"概率大小"的初步认识（第 9 册例 2）。

可见，修订版教材中的概率内容有了大幅度缩减，诸如"样本空间"及"用分数表示概率"等内容被延后至中学阶段。该省在初中阶段一般使用浙教版教材，该教材中"概率"模块（第 5 册第 38—50 页）的编写顺序是：

（a）对"随机性"的进一步认识；

（b）对"样本空间"（即随机试验所有可能的结果）的认识；

（c）对"概率大小"的定性认识；

（d）用分数表示概率。

不难发现，修订前后的两版教材对"概率"模块的编写顺序做了较大调

[1] 中华人民共和国教育部 . 义务教育数学课程标准（2022 年版）[S]. 北京：北京师范大学出版社，2022.

[2] 巩子坤，何声清 . 6—14 岁儿童的概率概念认知发展 [J]. 教育研究与实验，2017（6）：83—88.

整——概率内容在整体上被延后了。

自新课程实施以来，概率的基础知识已经成为当前数学课程体系中不可或缺的一部分。上述有关概率内容设置和教学目标的修订已然得到了诸多实证研究的支撑[1]。但是就数学课程而言，有关概率知识体系与学生概率学习过程的适应性问题还有很多的工作要做，"教师对学生概率知识掌握情况的了解"成为概率课程实施的一个关键因素[2]。儿童在正式接触学校课程中的概率内容之前，已在日常生活中积累了一些与之有关的经验，这些朴素的生活经验帮助其逐步发展了若干有关概率的前概念（pre-conception）和"非正式知识"（informal knowledge）[3]，这意味着学生在学习概率内容之前已具备了一定的认知基础。从学生的认知基础出发，一个更为根本的问题是：学生是怎样学习和发展概率概念的？事实上，教材中概率内容的编排顺序主要是以知识体系的逻辑为依据的，学生对概率内容的学习过程则有赖于其思维水平的发展。只有厘清上述问题，才能妥善处理好学生对当前概率课程的适应性问题，也才能更科学地改进课程、教材及教学以帮助他们更好地学习概率。鉴于以上分析，数学教育研究者应真正厘清学生概率学习的过程，并据此为课程目标、教材编写及教学设计等提供实证依据。

四、数学教师 KCS 研究：教师对学生概率学习的过程缺乏认识

研究者此前开展了一项关于"数学教师是如何认识学生概率学习过程"的研究[4]，其研究背景、研究设计和主要结论如下。

概率内容走进中小学数学课程的时间较晚，因而教龄稍长一些的教师在

[1] 巩子坤, 宋乃庆."统计与概率"的教学：反思与建议 [J]. 人民教育, 2006（21）：24-27.

[2] Kvatinsky T & Even R. Framework for teacher knowledge and understanding of probability [C]. In B Phillips (Ed.), Proceedings of the Sixth International Conference on the Teaching of Statistics. Cape Town, South Africa: International Statistical Institute, 2002.

[3] Sharma S. Cultural influences in probabilistic thinking [J]. Journal of Mathematics Research, 2012, 4 (5): 63-77.

[4] 何声清. 数学教师 KCS 与学生认知的一致性研究：以"概率"内容为例 [J]. 数学教育学报, 2019, 28（1）：25-29.

其基础教育阶段错过了概率知识的学习[1]。实证研究也表明，有些数学教师自身对概率内容的掌握常常存在偏差[2]，他们在教学中也常常感到"概率难教"。若根据希尔（Hill H C）等人提出的"数学教学知识框架"（Framework of Mathematics Knowledge for Teaching，简称 MKT）来看，教师不仅在概率专门内容知识（Specialized Content Knowledge，简称 SCK）的掌握上存在局限，他们对于学生和内容知识（Knowledge of Content and Students，简称 KCS）的把握也并不到位。KCS 主要涉及教师对学生常见错误、问题解决策略、概念发展过程等的认识[3]。因此，除了自身概率知识需过硬以外，教师还应关注学生是如何认识和理解概率的。

在此背景下，研究者以北京市 28 名执教七—九年级的数学教师、204 名七—九年级学生为被试展开问卷调查。该问卷包含五个"摸球"问题，各问题按照球的总个数、球的颜色种类及盒子个数等变量区分出不同问题情境，不要求教师对题目本身进行作答，仅要求他们依据其对所教年级学生能力水平的判断，估计学生作答时的可能表现并写出判断依据。在进行上述调查之后，研究者为了更清晰地考察教师对于学生概率内容学习规律的认识，将上述调查问卷的设问方式进行了调整：要求教师分别对不同问题的难度、学生可能遇到的困难等进行预估，并说明理由。该部分的调查问卷详见附录 1，教师在该套问卷上的典型作答详见附录 2。

上述研究取得如下主要结论：

第一，数学教师对其所在年级学生在各个题目中得分率的预测大都与学生的实际得分情况相去甚远，他们对学生概率认知的水平估计过高。例如，九年级教师对学生在某些问题中得分率的预测高于学生实际得分率 20% 左右，甚至对学生在个别问题中得分率的预测高于学生实际得分率 35% 以上。

[1] Conference Board of the Mathematical Sciences. The mathematical education of teachers [M]. American Mathematical Society, 2001.

[2] Liu Y & Thompson P. Teachers' understanding of probability [J]. Cognition and Instruction, 2007, 25 (2): 113−160.

[3] Hill H C, Ball D L & Schilling S G. Content knowledge: Conceptualizing and measuring teachers' topic-specific knowledge of students [J]. Journal for Research in Mathematics Education, 2008, 39 (4): 372−400.

第二，从对各题目最易误选的选项预测来看，教师对学生可能出现的困难预测不佳，他们的预测常常是基于对题目本身的主观解读而展开的，缺乏对学生认知特点和思维水平的考量。

基于上述分析，研究者认为：教师之所以对学生作答情况的预测与学生的实际作答有较大偏差，一方面源于他们对任务的分析不到位，另一方面源于他们没有了解学生概率思维的特点。

综上所述，数学教师对学生概率内容的认知情况缺乏了解，绝大部分教师没有真正把握学生概率概念发展过程中的障碍及其原因，也就难于意识到如何帮助他们摆脱这些错误。可见，有关学生概率内容学习进阶的研究不仅有助于课程制定者修订课程标准，还对一线数学教师了解学生的学习过程有直接参考价值。

第二节　研究问题

本研究要回答的问题是：学生对概率内容的学习是如何进阶的？哪些因素影响了学生的学习进阶，又是如何影响的？

本研究包含两项子研究，分别考察受测学生概率内容的学习进阶及其影响因素。希望通过上述研究，能够系统地呈现学生概率内容学习进阶的图景，并据此为概率内容的课程目标、教材编写及教学设计等提供实证依据。

需要指出的是，在实际研究时，研究者分别探查了古典概率和频率概率的学习进阶、影响因素及作用机制，获得了大量的研究数据和结论。限于篇幅，本书主要介绍古典概率部分的研究。因此，下文中的"概率"特指古典概率。

一、研究 1：七—九年级学生概率内容学习进阶

具体包含三个研究问题：

（1）学生概率内容学习进阶的一般规律是什么？

（2）学生概率内容学习表现的水平可以如何划分？

（3）不同年级学生概率内容学习的进阶幅度如何？

二、研究 2：七—九年级学生概率内容学习进阶的影响因素及作用机制

具体包含三个研究问题：

（1）影响学生概率内容学习进阶的关键因素有哪些？

（2）上述关键因素对学生概率内容学习进阶的作用机制是什么？

为了更具体和微观地探查上述问题，研究者还选取了部分有代表性的被试进行访谈。这丰富了本部分的研究内容，即：

（3）学生概率内容学习进阶中积极因素、消极因素作用机制的质性分析。

第三节　研究目标

如前所述，本研究将通过对上述系列问题的考察，系统地呈现学生概率内容学习进阶的图景，并据此为概率内容的课程目标、教材编写及教学设计等提供数据支持和具体参考。上述子研究是一脉相承、有始有终、一以贯之的。具体而言，有如下两个研究目标。

一、厘清学生概率内容学习进阶的规律

通过研究 1，研究者将考察学生概率内容的学习进阶图景。此外，学生概率内容学习进阶中的障碍和困难也将被厘清。上述问题的解决，不仅有助于课程设计者和教材编写者从宏观上整体了解学生概率知识发展的脉络，还有助于一线数学教师从微观上具体落实概率内容的教学设计。

二、构建学习进阶影响因素及其作用机制的模型

通过研究 2，研究者将详尽分析影响学生概率内容学习进阶的关键变量及其作用机制。具体而言，研究者将回答"学生概率内容学习进阶受哪些因素的影响"及"这些因素是如何影响学生概率内容学习进阶的"这两个主要问题。由于关涉的影响因素在实际教学中大都具备可操作性，因此上述问题的解决将有助于课程设计者和教材编写者在设计教学时，有的放矢地将其他方面的知识、能力等纳入该模块的培养方案之中，也将有助于一线教师在实际教学中更加准确地分析学生概率学习出现困难的具体原因。

第四节　拟解决的关键问题

一、概率测试任务的设计

首先，研究者通过理论梳理和文献述评，对初中阶段涉及的概率内容进行概念解构，厘清其关涉的关键子概念。其次，针对上述子概念，设计相应的概率任务与之匹配，但这仅仅是任务设计的开始。最后，在确保设问方式总体一致的情况下，通过控制问题情境的某些变量使得任务难度逐步递增。例如，研究者以"摸球"模型为载体，通过控制球的总个数、球的颜色种类等变量使问题情境逐步复杂化的同时，确保上述问题在形式上的一致性。

二、影响因素的厘定及问卷设计

"影响因素"是一个宏大的概念，其牵涉的范围通常也十分广泛。在近年来我国开展的数学学业大规模测评研究中，诸如"父母学历"[1]"学校教育环

---

[1] 庞维国，徐晓波，林立甲，等. 家庭社会经济地位与中学生学业成绩的关系研究 [J]. 全球教育展望，2013，42（2）：12-21.

境"[1]等都被纳入影响学生数学学业表现的因素模型中。但对于更具体、更微观的研究而言，研究者势必要在众多变量中厘清最核心、最关键的若干因素。本研究中关涉的"概率内容学习进阶的影响因素"是在理论分析与文献述评的基础上得以厘定的（详见第二章）。需要指出的是，尽管大多数已有文献并非明确提及了"影响因素"这一关键词，但这些研究都正面或侧面地揭示了某因素对学生学习、理解、认知概率概念的影响。研究者根据文献梳理和知识逻辑从两个维度预设了影响学生概率内容学习进阶的因素（即"知识基础"和"直觉性因素"）。

在厘清上述影响因素之后，完成相应的问卷设计（详见第四章）。

三、数据分析方法的突破

无论是研究 1 对学习进阶的考察，还是研究 2 对学习进阶影响因素的考察，传统的经典测量理论（Classical Test Theory，简称 CTT）都面临一定的局限。例如，在 CTT 中，个体的真实得分是一个假设的数据，它是指假如被试在同等难度的测试项目中无限地作答，他所获得的平均分即代表他的真实得分。实际上，当被试 a 接受某种特定的测验时，研究所获知的仅仅是观察得分 X_a，而不能准确知晓其真实得分 T_a。本研究将分别采用拉什模型（Rasch Modeling）和结构方程模型（Structural Equation Modeling，简称 SEM）对研究 1 和研究 2 进行考察。有关数据分析方法的介绍详见第四章。

[1] 张启睿，边玉芳，王烨晖，等．学校教育环境与资源对青少年学业成就的影响 [J].教育研究，2012，33（8）：32-40.

第五节　研究意义

一、理论意义

1. 为数学概念学习的理论研究提供实证资料

建构主义思想及认知心理学、发展心理学、学习心理学等学科的发展对学习者概念学习的研究产生了革命性影响，研究者从概念形成、发展、转变等维度逐渐打开了此类研究的新视角。在研究方法上，此类研究也已经摆脱了以往的行为主义范式，而越来越多地将学生的思维水平、认知特征、学习心理等纳入考察的范畴。除此之外，以学习过程为变量，对学生关于某个概念理解水平发展历程的研究也逐渐引起数学教育研究者的重视。与皮亚杰（Piaget J）的认知发展阶段论相一致的是，此类研究着眼于刻画学生概念形成和发展的动态过程。需要指出的是，数学教育研究者已然就某些具体概念（如长度[1]、函数[2]、分数[3]、交集[4]、数列[5]）的认知发展进行了系列实证研究。然而，这类研究大都未触及"学习进阶"的思想（本研究于2015年构思、设计，于2016年正式开展，是国内数学教育领域中较早以"学习进阶"为核心内容的实证研究；据悉，东北师范大学丁锐博士新近也已启动有关学习进阶的研究）。

作为义务教育阶段近二十年来新引进的内容领域，并且作为一种"不确定性数学"，概率在形式上不同于传统数学，因此有关学生对该概念的学习过程

[1] 刘金花，李洪元，曹子方，等 . 5—12岁儿童长度概念的发展：儿童认知发展研究（V）[J]. 心理科学通讯，1984（2）：10–14+66.

[2] 曾国光 . 中学生函数概念认知发展研究 [J]. 数学教育学报，2002（2）：99–102.

[3] 张梅玲，刘静，王宪钿 . 关于儿童对部分与整体关系认知发展的实验研究：5—10岁儿童分数认识的发展 [J]. 心理科学通讯，1982（4）：37–45.

[4] 曹子方，赵淑文，孙昌识，等 . 国内五个地区5—15岁儿童交集概念的发展研究：儿童认知发展研究（I）[J]. 心理科学通讯，1983（5）：3–10+65.

[5] 左梦兰，刘静娴，周蓉，等 . 国内五个地区5—11岁儿童数列概念发展的研究：儿童认知发展研究（IV）[J]. 心理学报，1984（2）：174–181.

研究将具有特殊意义。本研究以概率内容为载体，对学生的学习进阶及其影响因素进行研究，将为学生数学概念学习的研究提供实证资料，同时对数学教育心理学理论研究产生一定的推动作用。

2. 为数学课程标准的修订提供实证依据

课程标准作为规定学科内容教学目标（包括总体目标、学段目标等）与内容设置（包括各年级螺旋式分布设置、各年级内容难度梯度设计等）的官方指导文件，它的科学性、可行性直接关乎教师对学科内容定位和教学难度的正确把握，进而关乎学生对学科内容的学习过程和学习成就。一般而言，课程标准的设计一方面需要考虑学科知识的内在体系，另一方面需要考虑学生的学习规律。前者确保了学生的知识学习在相对系统的材料编排中得以发展，后者确保了学生的上述学习过程在其合理的能力范围内良性运作。换言之，科学、有效的课程标准应是基于学生认知研究的（cognitively-based curricula）。

《课程标准（2022 年版）》在《课程标准（2011 年版）》的基础上，就数学课程的目标定位、内容选取等方面均作出了修订，而这些修订的最终目的是让它能够更好地适应学生的学习规律并促进他们的认知发展。而关于"如何适应"及"如何促进"则需要将课程改革的依据着眼于学生的学习特征上来。

二、实践意义

1. 为教学的路径设计提供现实依据

数学课堂教学路径设计的基本依据主要有两个方面：其一是基于课程标准和教材体系下的知识发展，其二是基于学生认知规律和学习特征下的概念发展。前者为教学的路径设计提供基本方向，后者为上述设计的可行性提供现实参考。好的教学设计应同时着眼于上述两个方面，不可偏废和走极端。可见，有关学生概率内容学习进阶的研究将为该部分内容的教学路径设计提供现实依据，这将有助于数学教师优化教学过程和有效突破教学重难点。

2. 为进行针对性的教学干预提供参考

从学习进阶的视角来看，学生概率概念的学习过程是从"低阶"向"高阶"跳跃的过程，两个"阶"之间之所以存在难度的差异，是因为后者对学生提出了更高的认知要求，而这些认知要求一方面依赖于学生知识、经验和能力的提升，另一方面依赖于其前期认知局限、障碍、错误的消除。当研究者将学生概率内容的学习过程划分为几个具有层次性、渐进性的"阶"，就势必要求其深入分析如此划分的依据。换言之，对学习进阶的探索一方面将为我们呈现学生概率概念学习过程的图景，另一方面将为我们分析学生上述认知层次性的潜在原因提供具体证据。对学生学习进阶中困难、障碍及其原因的分析，将有助于教师更全面地认识学生概率内容学习的过程，也有助于他们针对性地进行任务设计和教学改进。

第二章

文献综述

第一节 学习进阶的相关研究

学习进阶（Learning Progressions，简称 LPs）研究较早地出现在科学教育领域，后在环境教育、地理教育、英语教育等领域也有所涉及。关于"进阶"的定义，顾名思义，其中的"阶"有台阶、阶层之意，可以理解为概念本身的层级（如朴素形态概念、非形式化形态概念、形式化形态概念），而"进阶"则是指学习者对于该概念理解程度的递增过程。在本部分，研究者通过梳理有关学习进阶的相关研究，逐步厘清其内涵、特点、要素、测量方法及课程意义等，为后续研究的深入展开提供理论支撑。

一、学习进阶的内涵与特点

一般认为，学习进阶思想与美国国家研究理事会（National Research Council，简称 NRC）提出的"课程连续"理念有一脉相承的联系。近些年来，美国中小学生在国际测试中的不佳表现使得相关教育部门开始反思其课程理念中"广而浅"（A mile wide and an inch deep）设计思想的危害[1]。NRC 随即提出，课程标准应当着眼于学生在不同阶段对某个学科概念的发展连续性（developmentally coherent）[2]，课程的评价也应着力于学生的认知过程和学习规律，如果知晓了学习随时间推移的发展规律，评价就可以有依据地鉴别学

---

[1] Schmidt W, Houang R & Cogan L. A coherent curriculum: A case of mathematics [J]. American Educator, 2002, 26 (2): 10−26.

[2] National Research Council. Systems for state science assessment [M]. Washington D. C.: The National Academies Press, 2005.

生在各个阶段对应概念的理解水平，并据此推进其概念逐步向纵深发展[1]。

此外，虽然学习进阶被看作是一个新兴的研究领域，但是它的思想源流基本上还是肇始于教育学的一些经典理论。从 20 世纪 70 年代开始，受皮亚杰学派及后来的新皮亚杰学派等认知主义思想的影响，学科教育领域越来越关注迷思概念（misconception）和概念转变等课题的研究。概念转变研究考察的是学生摆脱迷思概念、发展正确概念的过程。有研究认为，这一"转变"的过程中实际上蕴含着学习进阶的思想：如果我们把学生概念转变的过程持续拉长（例如，考察其在半年内对某个概念的转变过程），并对概念转变的模型进行整合，就能对较长一段时间内学生概念的学习、发展过程进行详细刻画，而这实际上就是对学习进阶的研究[2]。

除此之外，从思想源流上看，皮亚杰认知发展阶段理论和维果茨基（Vygotsky L S）的最近发展理论都对学习进阶思潮的发展奠定了扎实的理论基础，它们都强调概念随时间的发展，并且在其过程中学习者对概念的理解还呈现出阶段化的特征。与此同时，德赖弗（Driver R）关于"概念轨迹"的研究也对学习进阶思想的成熟化起到了思想启蒙的作用。例如，德赖弗就曾指出，当我们为学生构建学习的桥梁时，不可忽略他们在概念形成和发展过程中的"中间概念"（intermediate levels），这些"中间概念"往往是学生概念理解的关键环节甚至瓶颈环节，只有完整地了解学生从起点（lower anchor）到终点（upper anchor）的整个过程，我们才算真正了解学生的学习[3]。

史密斯（Smith C）等人先后向 NRC 提交了两份研究报告，并在该报告中提出了"学习进阶"的概念：它是指学生概念学习中一系列渐趋复杂（from simple to sophisticated）的思维路径，它揭示的是学生对特定概念的理解在某一段时间内是如何从简单到复杂、从朴素到精确的，换言之，它着眼于学生对

[1] National Research Council. Knowing what students know: the science and design of educational assessment [M]. Washington D. C.: National Academies Press, 2001.

[2] 王磊，黄鸣春. 科学教育的新兴研究领域：学习进阶研究 [J]. 课程·教材·教法，2014，34（1）：112-118.

[3] Driver R, Leach J, Scott P & Wood-Robinson C. Young people's understanding of science concepts: Implications of cross-age studies for curriculum planning [J]. Studies in Science Education, 1994, 24: 75-100.

特定知识及技能的潜在发展序列[1,2]。

此后,其他学者也对学习进阶的内涵进行了诸多阐述。以下是当前相关研究中采纳较多的界定:罗斯曼(Roseman J E)等人认为学习进阶是一条符合学生发展的、有逻辑的"概念序列"[3];梅里特(Merritt J D)等人认为学习进阶是对学生学习过程中在某一概念的理解上从无到有、由浅入深的过程的刻画[4];阿朗佐(Alonzo A C)等人认为学习进阶是对学生概念理解过程的"有序"描述,它具有明显的指向性[5];萨利纳斯(Salinas I)认为学习进阶是一种基于实证的、可以被检验的假说,它揭示的是学生在某个概念学习过程中所表现出来的典型路径以及知识、技能的典型发展序列[6];凯特利(Catley K)等人认为学习进阶刻画的是学生在一段时间内对于某个具体概念的理解进程[7]。

有关学习进阶的界定不一而足。根据一项综述性研究中的观点,这些界定基本可以归结为四大类[8]。第一类是"过程说"。例如,NRC 中对学习进阶

[1] Smith C, Wiser M, Anderson C, Krajcik J & Coppola B. Implications of research on children's learning for assessment: Matter and atomic molecular theory [R]. Paper commissioned by the Committee on Test Design for K-12 Science Achievement, Center for Education, National Research Council, 2004.

[2] Smith C L, Wiser M, Anderson C W & Krajcik J. Implications of research on children's learning for standards and assessment: A proposed learning progression for matter and the atomic molecular theory [J]. Measurement: Interdisciplinary Research and Perspectives, 2006, 4 (1–2): 1–98.

[3] Roseman J E, Caldwell A, Gogos A & Kurth L. Mapping a coherent learning progression for the molecular basis of heredity [M]. The National Association for Research in Science Teaching Annual Meeting. San Francisco, CA, 2006.

[4] Merritt J D, Krajcik J & Shwartz Y. Development of a learning progression for the particle model of matter [C]. ICLS'08 Proceedings of the 8th international conference on International conference for the learning sciences, 2008.

[5] Alonzo A C & Steedle J T. Developing and assessing a force and motion learning progression [J]. Science Education, 2009, 93 (3): 389–421.

[6] Salinas I. Learning progressions in science education: Two approaches for development [C]. The Learning Progressions in Science Conference, Iowa City, IA, 2009, 1.

[7] Catley K, Lehrer R & Reiser R. Tracing a progressive learning progression for developing understanding of evolution [M]. Washington D. C.: National Academy of Science, 2005.

[8] 皇甫倩,常珊珊,王后雄. 美国学习进阶的研究进展及启示 [J]. 外国中小学教育,2015(8): 53–59+52.

的界定；又如，松格（Songer B N）等人将学习进阶界定为"它是学生对学习主题持续探究和思考的过程"[1]。第二类是"本质说"。例如，帕克（Parker J M）等人指出"学习进阶的本质是刻画学生特定心理结构发展的阶段性"[2]。第三类是"方法说"。例如，史密斯基于科学教育中"物质与原子、分子理论"的教学过程，指出"学习进阶是在学生学习过程中以知识为载体，不断联结已有知识与高阶知识的一种循序渐进的探究方法"[3]。第四类是"假设说"。例如，邓肯（Duncan R G）将学习进阶界定为"它是一种有关学习过程的假设，认为它是一种建立在一系列的实证研究的基础之上的验证过程，一般用以证实学生在教学的干预下，随着时间的推移，对学科概念的理解过程是按照某种'由简单到复杂''由线性到系统'的过程逐步深入的"[4]。

尽管当前有关学习进阶的界定尚无定论，但已有研究对其核心思想基本达成了共识：学习进阶是对学生学习特定概念时所表现出来的思维路径[5]，刻画的是学生关于该概念及相关技能在一段时间内的认知发展进程[6]，该认知发展进程是基于跨年级的评测数据构建的，并且通常不对教学施加特殊干预，这意味着上述测评结果是基于教学现状的[7]。

[1] Songer B N, Kelcey B & Gotwals A W. How and when does complex reasoning occur? Empirically driven development of a learning progression focused on complex reasoning about biodiversity [J]. Journal of Research in Science Teaching, 2009, 46 (6): 611–631.

[2] Parker J M, delosSantos E X & Anderson, C W. What learning progressions on carbon-transforming process tell us about how students learn to use the Law of Conservation of Matter and Energy [J]. Education Quimica, 2013, 24 (4): 399–406.

[3] Smith C L, Wiser M, Anderson C W & Krajcik J. Implication of research on children's learning for standards and assessment: A proposed learning progression for Matter and the Atomic Molecular Theory [J]. Measurement: Interdisciplinary Research and Perspectives, 2006, 4 (1–2): 1–98.

[4] Duncan R G & Hmelo-Silver C E. Learning progressions: Aligning curriculum, instruction, and assessment [J]. Journal of Research in Science Teaching, 2009, 46 (6): 606–609.

[5] National Research Council. Taking science to school: learning and teaching science in grades K-8 [M]. Washington D. C.: National Academies Press, 2007: 213–224.

[6] Corcoran T, Mosher F A & Rogat A. Learning progressions in science: An evidence-based approach to reform [R]. Consortium for Policy Research in Education, Philadelphi, PA, 2009: 8–18.

[7] National Research Council. A framework for K-12 science education: Practice, crosscutting concepts, and core ideas [M]. Washington D. C.: The National Academies Press, 2012.

根据一项综述性研究中的观点，这些共识主要体现在如下三个方面[1]：第一，关于学习进阶的考察对象，一般认为其考察的是学生学习过程中思维层面的发展。这基本明确了学习进阶与内容体系设计之间的关系——学习进阶应走在课程设计的前面，基于学习进阶下连贯一致的内容组织能够更好地适应学生的概念发展历程；反之，连贯一致的课程设计又能积极促进学生的概念学习进阶。第二，学界开始意识到教学因素在学生学习进阶中的积极影响。例如，NRC 报告的撰写者杜施尔（Duschl R）指出："我们不能忽视的是，教学实践对学习进阶起着关键作用。"[2] 一言以蔽之，学习进阶是在教学干预及教师帮助下发生的。第三，学界就学习进阶与学习轨迹、教学轨迹、教学序列等概念作了区分并基本达成一致，认为学习进阶是一个更加上位的概念，它可以视为学习轨迹在较长一段时间内的累积，也可以视为教学轨迹设计的基本前提[3]。尽管在基本思想上达成了若干共识，但是已有研究对学习进阶的考察手段则差异较大（下文将详述），这使得对学习进阶的界定终究很难完全达成一致[4]。尽管如此，当前研究更多地还是倾向于采纳 NRC 中的界定。鉴于此，本研究中学习进阶的概念也以 NRC 中的界定为准。

以上梳理了学习进阶的界定和内涵。除此之外，结合已有研究可以归纳出学习进阶的三个主要特点[5-7]：

第一，它强调以核心概念为中心。这主要是指，学习进阶一般都会选取学科教育领域某个核心概念为载体。这其中的"核心概念"不同于某个具体

[1] 姚建欣，郭玉英. 为学生认知发展建模：学习进阶十年研究回顾及展望 [J]. 教育学报，2014，10（5）：35-42.

[2] Duschl R, Maeng S & Sezen A. Learning progressions and Teaching sequences: A review and analysis [J]. Studies in Science Education, 2011, 47 (2): 123-182.

[3] Stevens S, Shin N & Krajcik J. Towards a model for the development of an empirically tested learning progression [C]. Learning Progressions in Science Conference, Iowa City, 2009.

[4] Alonzo A & Gotwals A. Learning progressions in science [M]. Rotterdam: Sense Publishers, 2012.

[5] National Research Council. Tanking science to school: Learning and teaching science in grade K-8 [M]. Washington D. C.: The National Academy Press, 2006.

[6] Corcoran T, Mosher F A & Rogat A. Learning progressions in science: An evidence-based approach to reform [R]. Philadephia, PA: The Consortium for Policy Research in Education, 2009.

[7] National Research Council. A framework for K-12 science education: Practice, crosscutting concept, and core ideas [M]. Washington D. C.: The National Academy Press, 2012.

的知识点，而通常整合了一系列紧密连贯的知识、技能和思想，较"知识点"而言是一个相对上位的概念。在这个整合的"大概念"之下涉及了诸多子概念，这些子概念一般有其内在的连贯性和逻辑性，而学习进阶则考察学生是如何发展这些子概念序列的。

第二，它是建立在实证研究的证据之上的。具体而言，它一般是基于某个假设（假想的学习进阶）开发具体的学习任务，进而通过收集学生端数据对上述假设进行验证或修正，以逐渐形成一个更加完备和系统的学习进阶。

第三，它刻画的是现有教学环境下学生的认知发展过程。如前所述，学习进阶是基于跨年级的测评数据并将其与学科的知识体系进行有效整合而构建的，在这其中虽然提及了教学对它的积极影响，但在学习进阶的整体研究中一般不对教学施加特别的干预。上述有关学习进阶特点的梳理有助于我们更加深入理解它的含义，也有助于我们实地开展学习进阶研究。

二、学习进阶的构成要素

如前所述，当前有关学习进阶的界定不一而足，但基本思想一致。实际上，我们还可以通过厘清学习进阶的结构或构成要素来进一步内化其核心思想，这也可为具体的学习进阶研究设计提供直接依据。

按照 NRC 中的思想，学习进阶描述的是学生在学习上逐步推进和累积的过程，它主要涉及学习起点、学习终点及中间阶段三个部分。我国有的研究采用如下的示意图来表述上述界定（图 2-1）[1]。该模型认为，学习进阶是一个不断发展和累积的过程，学生的概念学习不是一蹴而就的，而是从一个基本的学习起点开始，历经不同的中间阶段，在逐步深入的过程中最终实现对它的全面和深刻的理解。该模型还认为，上述学习进阶过程并非简单的线性递增，而是受到多种因素相互影响的结果。

[1] 皇甫倩，常珊珊，王后雄. 美国学习进阶的研究进展及启示 [J]. 外国中小学教育，2015（8）：53-59+52.

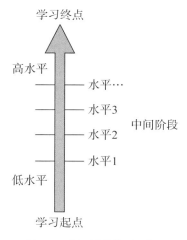

图 2-1　学习进阶模型示意图

　　科科伦（Corcoran T）等人认为，学习进阶一般包含五个核心要素，即学习目标和终点（learning targets or end points）、进阶变量（progress variables）、学习成就的水平（levels of achievement）、学习表现（learning performances）及成就评价（assessments）[1]。第一，学习目标和终点。它是指学习的最终端结果，在一些研究中还使用"Upper Anchors"这一术语表示。这一终端结果的达成一般是以下方面综合影响的效果：对学科知识发展过程的理解，多学科技能的熟练掌握，对学科方法的流利运用，对学科核心思想的深入理解。第二，进阶变量。它是指刻画学习进阶的要素，如学科核心素养的具体方面，学科知识的具体子概念，学科技能的具体环节，等等。第三，学习成就的水平。它是指学生在达成终端结果的过程中历经的各个中间阶段，实际上"进阶"就是学生对概念的理解"一步一步上台阶"的过程。第四，学习表现。它是指学生在学习成就水平上的具体表现，即界定了学生在概念学习过程中的各个"阶"上"学到了什么""还没学到了什么""有哪些困难"。这些相关学习表现（数据形态的或者质性形态的）可以作为刻画学生学习过程的具体指标。第五，成就评价。它是指在跟踪学生端数据之后，对学生学习过程和概念发展状况的总体评价。

[1] Corcoran T, Mosher F A & Rogat A. Learning progressions in science: An evidence-based approach to reform [M]. Consortium for Policy Research in Education, Philadelphia, 2009.

三、学习进阶的研究范式、框架、方法及流程

当前研究在学习进阶研究的取向和范式问题上存在一定的差异，而这一差异实际上是学界不同学术流派观点和理念差异的具体体现。一项综述性研究指出，有关学习进阶的研究基本可以划分为两种研究范式（取向）：一种是验证性的学习进阶研究（validation learning progressions），一种则是演进式的学习进阶研究（evolutionary learning progressions）[1]。前者是从课程标准出发，通过测评结果来检验或修正之前提出的学习进阶假设；后者则是从研究证据出发，强调教学在学习进阶中的重要影响，结合学科概念的体系建构，基于实证研究的证据考察并比较不同学习进阶模型的合理性和可行性，因而它更加符合一线教学和学生学习的实际。然而研究又指出，即便演进式的学习进阶研究更加具有生命力，实际研究却难以达到它的严苛标准，而大都是两种研究范式的"混合体"[2]。

有关学习进阶的研究框架，佩莱格里诺（Pellegrino J W）等人提出了一个"评估三角形"（the assessment triangle）框架，如图 2-2 所示。该框架被一再证实是当前学习进阶研究十分适切的一个概念框架[3]。该框架包含了学习进阶研究中的三个关键要素：认知（cognition）、观察（observation）以及解释（interpretation）。其中，"认知"指的是学习者在某概念学习的过程中其知识表征、能力发展的数据和表现；"观察"是指为了检测学生上述学习进阶过程而开发的一套评价任务；"解释"是指研究者基于观察的数据对学生学习进阶的构建与说明。

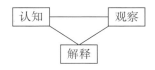

图 2-2　学习进阶"评估三角形"框架示意图

[1] Duschl R, Maeng S & Sezen A. Learning progressions and teaching sequences: A review and analysis [J]. Studies in Science Education, 2011, 47 (2): 123–182.

[2] 姚建欣，郭玉英 . 为学生认知发展建模：学习进阶十年研究回顾及展望 [J]. 教育学报，2014，10（5）：35–42.

[3] National Research Council. Knowing what students know: The science and design of educational assessment [M]. Washington D. C.: The National Academies Press, 2001.

除此之外，加州大学伯克利分校的研究团队提出了一个更加具体的"四基石模型"，如图 2-3 所示 [1]。该模型包括四个要素：结构图（construct maps）、项目设计（items design）、结果空间（outcome space）及测量模型（measurement model）。其中，结构图是研究者预先构建的学生知识发展的可能序列，即预期的学习进阶；项目设计是研究者为了验证上述进阶而开发的针对性的测试任务；结果空间是指学生在测试任务上的作答表现；测量模型是指研究者基于学生作答，通过量化的方式合理地构建学习进阶的方法。

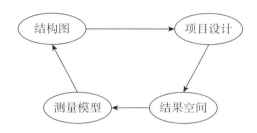

图 2-3　学习进阶"四基石模型"示意图

构建学习进阶的方法大致可以划分为两大阵营：第一类方法叫做"逐级进展方法"（escalated approach），它一般从认知心理学和教学理论出发，对某个具体概念进行认知心理学的考察。通常情况下，上述考察聚焦于"对核心概念的理解要达到何种程度""不同群体对该概念的理解有何差异""如何设计教学过程以帮助学生实现理解层级的跨越"，等等。基于该方法的学习进阶研究一般要借助大型测评工具，并在一段持续的时间内不断收集学生端数据，最后结合学生的作答表现刻画其进阶过程及相应水平。第二类方法叫做"全景图法"（landscape approach），它一般从课程与教学理论出发，基于实证研究的结论或者官方的课程标准，用文字描述某个具体概念由浅入深的发展过程。与上述方法相比，该方法更加着力于各个学段上该概念的持续推进过程。从形式上看，这种学习进阶模型通常呈网状结构，并详细刻画了某概念下各

[1] Wilson M R. Measuring progressions: Assessment structures underlying a learning progression [J]. Journal of Research in Science Teaching, 2009, 46 (6): 716–730.

个子概念（概念分支）之间的逻辑递进关系[1]。有研究对上述二者的关系进行了阐述：两种模式实际上从两个不同角度刻画了概念的学习过程，前者使用作答反应进行表征，它着眼于进阶过程的测评；而后者使用文本描述进行表征，它着眼于课程体系的设计[2]。全景图的构建提出会以跨年级测评数据为依托；跨年级的测评则又常常反过来以全景图为参考。事实上，除了上述两类基本方法以外，另有研究提出了第三类方法，称之为综合法。例如，史蒂文斯（Stevens S Y）等人在科学教育领域的学习进阶研究就综合了上述两类方法，开发出了"既能刻画学生是如何建立起概念之间的联系，又是基于实证研究的学习进阶"[3]。

有关学习进阶的具体开发流程，国内一项综述性研究归纳了如下步骤[4]：第一步，核心概念及其所蕴含的关键能力的确定。如前所述，学习进阶研究是以具有"锚"的性质的"大概念"为载体，该概念具备一个相对系统的知识体系，它在知识层面上涉及若干下位概念，在能力层面上蕴含若干关键能力要素。第二步，提出学习进阶假设。学习进阶的假设是由进阶起点、进阶中间环节及进阶终点等部分构成，由进阶变量将上述三个方面串联起来。尽管这里的进阶是研究者假设的，但有研究指出：在设定进阶目标和中间环节的时候不可过于理想化，也不可过于依赖现有的课程和教材，否则学习进阶研究就失去了它的本源目的而离学生的认知越来越远[5]。第三步，选择测量模型。如前所述，测量模型是指研究者基于学生作答，合理地通过量化的方式构建学习进阶的方法。而当前学习进阶研究的主流方法一般是项目反应理论（Item Response Theory，简称 IRT）和潜变量类别分析（Latent Class Analysis，

[1] Salinas I. Learning progressions in science education: Two approaches for development [C]. The learning Progressions in Science Conference. Iowa City, IA, 2009.

[2] 刘晟，刘恩山. 学习进阶：关注学生认知发展和生活经验 [J]. 教育学报，2012，8（2）：81–87.

[3] Stevens S Y, Namsoo S & Krajcik J S. Developing a learning progression for the nature of matter as it relates to Nanoscience [EB/OL]. http://www.umich.edu/—hiceweb/PDFs/2007/UM_LP_AERA_2007.pdf.

[4] 姚建欣，郭玉英. 为学生认知发展建模：学习进阶十年研究回顾及展望 [J]. 教育学报，2014，10（5）：35–42.

[5] Duschl R, Maeng S & Sezen A. Learning progressions and teaching sequences: A review and analysis [J]. Studies in Science Education, 2011, 47 (2): 123–182.

简称 LCA）。第四步，开发研究工具。早期的学习进阶研究多是基于现有的工具而展开的。换言之，这些工具本身并非是为了考察学习进阶而设计的，而是有别的用途。正因如此，有研究指出：很多学习进阶研究的测评工具还没有真正达到评估它的要求，也没有很适应和匹配学习进阶研究的基本初衷 [1]。可见，适切的研究工具开发十分重要。第五步，修正进阶假设。学习进阶研究是一个逐渐修正和完善的过程，学生端数据对于假设的学习进阶而言常常有很多不大匹配的地方，这时候就需要研究者整合学生学习表现和既定的学习进阶，并据此构建一个修正后的、完善的学习进阶模型。

最后，有关学习进阶研究样本的选择，当前研究主要有两种模式。一种是横向数据模式（cross-sectional study）[2]，它是指在同一时间抽取不同的年级样本并对其进行测评和访谈，进而基于数据分析检测上述各年级学生的数据与学习假设的吻合情况。另一种模式是纵向数据模式（longitudinal study）[3]，它是指对同一批被试在不同的时期进行多次测试和访谈，通过纵贯研究考察其学习随时间的变化情况，并考察学生端数据与学习进阶假设的一致性。

四、学习进阶对课程、教学及评价的参考价值

概言之，学习进阶契合了螺旋式课程（spiral curriculum）的设计理念 [4]，为课程目标的阶段划分提供了实证依据；它勾勒了学生概念认知的"发展长廊"（developmental corridor）[5]，呈现了学生头脑中的概念"结构图"（construct

[1] Songer N. An intimate intertwining of content and practice: A learning progression for Climate Change Niology [R]. Paper presented at the Annual Meeting of the National Association for research on Science Teaching, Orlando, 2011.

[2] Duncan R. Learning progressions: Aligning curriculum, instruction, and assessment [J]. Journal of Research in Science Teaching, 2009, 46 (6): 606−609.

[3] Usiskin Z. Grade 7—12 learning progressions in mathematics content [R]. Paper presented at APEC Conference on Replicating Exemplary Practice in Mathematics Education, Koh Samui, Thailand, 2010.

[4] Bruner J. The process of education [M]. Cambridge, MA: Harvard University Press, 1960.

[5] Catley K, Lehrer R & Reiser R. Tracing a prospective learning progression for developing understanding of evolution [M]. Washington D C: National Academy of Science, 2005.

map）[1]，因而也为教师的"认知导向教学"（cognitively guided instruction）提供了直接参考[2]。

1. 学习进阶对课程标准的参考价值

国外有关学习进阶的研究团队常常汇集了学科教育研究者、课程标准制定者以及认知心理学研究者，他们协同工作的目的就是为了最终的研究成果能够真正惠及课程标准的改革和发展。例如，史密斯团队通过对 K–8 年级中小学生"物质及原子、分子理论"概念的学习进阶的研究[3]，不仅描绘了学生在中小学各年级的学习过程中该概念的认知发展历程，还据此对既往的课程标准进行了适当的修订和调整，使得它能够更加适切于学生的认知发展规律和学习需求；史蒂文斯团队通过对 3—5 年级学生关于"物质"概念的学习进阶研究[4]，调整了以往课程标准对该领域内容的目标定位，并改良了以往课程标准对该内容的连贯设计思路；怀泽（Wiser M）团队通过考察学生对"原子、分子理论"的错误理解，就课程中有关该内容的进一步改进提出了有益建议[5]；何声清等人通过对学生概率概念认知发展的系列研究[6, 7]，对课程标准提出了诸如"不可对概率的定量化有过高要求""概率比较相关内容学习之前应加强

[1] Roberts L, Wilson M & Draney K. The SEPUP assessment system: An overview. BEAR Report Series [R]. Berkeley: University of California, 1997.

[2] Carpenter T P & Lehrer R. Teaching and learning mathematics with understanding [M]. In E Fennema & T A Romberg. (Eds.), Classrooms that promote mathematics understanding. Mahwah, NJ: Eelbaum, 1999: 19–32.

[3] Smith C L, Wiser M, Anderson C W & Krajcik J. Implications of research on children's learning for standards and assessment: A proposed learning progression for matter and atomic molecular theory [J]. Measurement: Interdisciplinary Research and Perspectives, 2006, 4 (1–2): 1–98.

[4] Stevens S Y, Delgado C & Krajcik J S. Developing a hypothetical multidimensional learning progression for the nature of matter [J]. Journal of Research in Science Teaching, 2010, 47 (6): 687–715.

[5] Wiser M & Smith C L. Teaching about matter in grades K-8: When should the atomic molecular theory be introduced? [M] In S. Vosniadou (Ed.), International handbook of research on conceptual change. New York, NY: Routledge, 2008: 205–239.

[6] 何声清，巩子坤 . 11—14 岁学生关于可能性比较的认知发展研究 [J]. 数学教育学报 . 2013, 22（5）: 57–61.

[7] 何声清，巩子坤 . 7—9 年级学生概率比较的策略及其发展 [J]. 数学教育学报，2017, 26（2）: 41–45.

组合推理能力的渗透"等实际建议。

除了上述方面，还有研究认为学习进阶有利于课程理论与学科实践的有效沟通[1]：课程标准虽然明确了学科实践中学生参与的重要性，但是它缺乏具体的、可操作的践行方法；而学习进阶则刻画了学习理论与实践之间交互作用的方式。事实上，基于学习进阶的课程本身就是在扎根实践研究后经过系统整合而成的，同时还经过了不断的修正与完善，这为沟通课程理论与教学实践提供了联系的纽带。

2. 学习进阶对课堂教学的参考价值

课堂教学作为践行课程标准的主阵地，直接肩负着课程目标达成和学生学业成就发展的重任。进入 21 世纪以来，新课程改革的理念日渐走进当下的一线数学课堂。新课程强调学生参与，对传统教学中的教师讲授有了一定程度的弱化，这使得很多一线教师常常疲于纷繁的课堂活动，而忽略甚至忘记了数学内容教学的关键节点及终点是什么。此外，很多教师在教学设计时常常把更多的注意力放在新颖的情境导入和精彩的活动设计上，反而对教学路径的整体设计着墨不多，这使得教师在课堂教学过程中无法意识到学生在每个阶段应该收获哪些新知、体验哪些新思想。在国外的一些有关学习进阶的研究中，研究者常常将学习进阶与教师的教学计划联系起来：即基于学习进阶的现状更加流畅地对教学的子环节进行有效串联，使得知识的发展在上述环节中逐步变得复杂（increasingly sophisticated）[2]。赫斯（Hess K）结合自己的研究，对学习进阶之于课堂教学的价值提出了三个方面的观点[3]：第一，学习进阶有助于一线教师了解学生知识、能力及思维等方面的变化，也有助于教师设计循序渐进、一脉相承的教学序列。这一观点也得到了其他研究的支

[1] 皇甫倩，常珊珊，王后雄. 美国学习进阶的研究进展及启示 [J]. 外国中小学教育，2015 (8)：53–59+52.

[2] Windschitl M, Thompson J & Braaten M. How novice science teachers appropriate epistemic discourses around model-based inquiry for use in classrooms [J]. Cognition and Instruction, 2008, 26 (3): 310–378.

[3] Hess K, Kurizaki V & Holt L. Reflections on tools and strategies used in the Hawai'i progress maps project: Lessons from learning progressions [EB/OL]. http://www.nciea.org/sites/default/files/publications/Hawaii%20Lessons%20Learned_KH09.pdf.

撑[1]。具体而言，学习进阶刻画了学生概念学习过程中的不同中间水平及其具体表现，这为教师调整教学序列及针对性地设计教学干预和教学任务等提供了直接参考，当教师的教学序列能够适应于学生的发展水平时，教学对学习的促进作用就显现出来了。第二，学习进阶有助于教师群体之间的交流和合作，而这些合作又促进了学生对概念的深入理解。具体而言，面临同样的教学内容，不同教龄、不同教学风格教师的教学设计一般会有较大的差别，而这种差别一般也会反映在其设计的教学序列上。对于不同的教案而言，教学序列是一个相对容易用作教学设计对比的载体或标准。教师之间通过对同一内容不同教学序列设计的对比和反思，往往能够从中汲取更多的"营养"，也有利于其加深对学科概念和教学设计的理解。第三，学习进阶有助于培养教师对于教学"循序渐进"思想的理解。不可否认，教学的循序渐进原则从教师第一次踏上讲台起就已经烙印在他们的潜意识里。然而这个几乎成为共识的教学理念绝非简单地等同于"先易后难"。而学习进阶则从知识发展和能力发展的视角给教师理解"循序渐进"打开了一扇窗：教学的过程可以视为攀登台阶的过程，脚下的起点即是学生的认知起点，它明确了学生已然具备的知识基础，让后续的教学设计有的放矢；中间的休息亭即学习进阶的中间环节，学生之所以累了需要休息，是因为他们的学习遇到了困难或瓶颈，而这里的亭子则相当于教师针对性地设计的教学干预；最终的最高峰即学习的终点，它意味着学生对某概念在知识层面、能力层面及学科思想层面等均达到了既定的认知要求。

3. 学习进阶对教学评价的参考价值

学习进阶提供了一个衡量学生概念发展的框架或范式，该框架呈现了学生概念学习过程中其思维从简单到复杂、从朴素到抽象、从低认知到高认知的过程。从这个意义出发，有研究总结了学习进阶对于教学评价的三点价值[2]：第

[1] Windschitl M, Thompson J & Braaten M. Ambitious pedagogy by novice teachers: Who benefits from tool-supported collaborative inquiry into practice and why? [J]. Teachers College Record, 2011, 113 (7): 1311–1360.

[2] 皇甫倩，常珊珊，王后雄. 美国学习进阶的研究进展及启示 [J]. 外国中小学教育，2015（8）：53–59+52.

一，学习进阶通过对学生学习时认知起点、中间阶段及学习终点等各个环节的刻画，不仅使得教学目标具体化和可操作化，还使得课程标准与教学评价之间的关系更加清晰，这为有效开展教学评价奠定了良好的基础。第二，学习进阶的设计和完善实际上是划分学生学习步次的过程，而这一过程需要教育工作者和测评工作者协同参与，如此促进了课程与评价的一致性。第三，学习进阶不仅刻画了学生学习的步次，还呈现了其学习过程中的障碍、困难与瓶颈，这一方面为针对性地设计干预任务提供了直接依据，另一方面为设计阶段性的教学评价提供了素材。换言之，教学评价除了能诊断学生是否按照既定的学习步次实现概念的进阶，还能通过设置学生学习进阶中典型的错误和误区等评价项目，来进一步诊断学生知识学习的漏洞与不足[1]。

除了上述方面，学习进阶的思想还对教师教学评价的能力起到了潜移默化的促进作用。如前所述，学习进阶有赖于基于实地证据和学生端学习过程的有效信息，而这也是刻画学生学习阶段、成就水平的最直接依据。首先，教师作为学习进阶的设计者，不仅需要预设学生学习过程中可能表现出的若干阶段及其能够达到的水平，还应针对性地设计数学任务和课堂活动来帮助他们完成阶段之间的过渡。例如，在数学课堂教学实践中，基于学习进阶的教学设计同样有赖于精心预设的情境导入、交流探究、反思评价等环节，但是上述活动都有一个坚实的理论依据，即一切活动设计都要服务于学生的学习进阶。其次，当教师有意识地基于学习进阶设计教学评价（包括评价任务和评价手段等）时，他们对于学生成就评价的维度也就有了新的认识：评价不再仅仅是区分哪些学生达标、哪些学生未达标，而是基于学习进阶的思想将学生知识学习的能力层级勾勒出来。与以往单纯以课程标准或教学大纲为蓝本的评价思路相比较，这种基于学习进阶的教学评价更能深及学生概念学习的过程本身。以数学学科为例，当把学生的学习过程根据概念发展的水平划分为若干阶段，对他们知识和能力发展的刻画便更加具有数学化和具体化的意味，而这也摆脱了以往教学评价标准过于一般化的缺点，进而使教师后续的教学改进也有更强的可操作性。正如有研究所指出的：相较于传统的标准化测试，

[1] 刘晟，刘恩山. 学习进阶：关注学生认知发展和生活经验 [J]. 教育学报，2012，8（2）：81-87.

基于学习进阶的教学评价会为教师提供更加丰富的学生端数据信息，并且这些信息对教师而言更加具体、生动和真实，这有助于他们深入理解学生的学习过程，还有助于他们针对性地作出精准、有效的教学决策[1]。

4. 学习进阶对"课程、教学及评价一致性"的参考价值

以上从课程、教学及评价三个方面分别述评了学习进阶的参考价值。事实上，课程、教学及评价在实际的学校教学中应是一脉相承和一以贯之的。诸多研究都阐述了学习进阶对促进上述三者良性发展的积极意义[2, 3]。NRC在其2007年的报告中指出，学习进阶是实现课程、教学、考试及评价相互沟通的渠道[4]。萨利纳斯等人也指出，学习进阶一方面系统地描述了学生的学习过程，另一方面"搭建起一座连接学习过程研究和课堂教学实践的桥梁"[5]。

史蒂文斯等人在其研究中用如下图示（图2-4）刻画了学习进阶与课程、教学及评价的关系[6]。

[1] Corcoran T, Mosher F A & Rogat A. Learning progressions in science: An evidence-based approach to reform [R]. Philadephia, PA: The Consortium for Policy Research in Education, 2009.

[2] 同 [1].

[3] Shavelson R & Kurpius A. Reflections on learning progressions [M]. In: A Alonzo & A Gotwals. (Eds.). Learning Progressions in Science, Sense Publishers, 2012: 13–26

[4] National Research Council. Taking science to school: Learning and teaching science in grades K-8 [M]. Washington D C. National Academies Press, 2007: 213–224.

[5] Salinas I. Learning progressions in science education: Two approaches for development [C]. The Learning Progressions in Science Conference, Iowa City, IA, 2009, 1.

[6] Stevens S Y, Shin N & Krajcik J S. Towards a model for the development of an empirically tested learning progression [C]. Iowa: Learning Progression in Science Conference, 2009, 4.

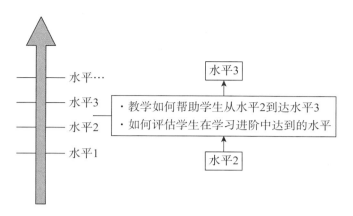

图2-4 学习进阶与课程、教学及评价的关系示意图

在该示意图中，左边部分表示基于实证研究之后归纳出来的具体概念的学习进阶；右边部分则表示在教学环境之下学生从低水平向高水平逐级发展并最终达到该知识学习最高要求的过程。该图蕴含的理念是，学习进阶中的课程、教学及评价是协调一致的，它们共同服务于学生概念由浅及深、由简单到复杂、有朴素到抽象的发展历程。从这个意义上讲，学习进阶统整下的课程、教学及评价给学生的学习提供了源源不断的供给环境，学生的一切学习行为和学习过程都是在一以贯之的"课程—教学—评价"的循环中进行的。

五、以往研究的总结及其启示

以上从内涵、特点、构成要素、研究框架及参考价值等方面对当前有关学习进阶的研究进行了梳理。总体而言，国外该领域的研究开始有蓬勃之势，但数学教育领域的相关研究相对较少，国内数学教育领域有关学习进阶的实证研究则更少。尽管如此，当前数学教育领域在具体数学概念发展的问题上有一定进展（如有关分数概念的认知发展研究[1, 2]）。这说明，数学教育研究者已经开始意识到将认知心理学、发展心理学等学科思想融入数学概念学习

[1] 张皖，辛自强.分数概念的个体建构：起点与机制及影响因素[J].数学教育学报，2013，22（1）：27-32.

[2] 刘春晖，辛自强.5—8年级学生分数概念的发展[J].数学教育学报，2010，19（5）：59-63.

的研究中，从学生的视角为他们构建和规划最优化的学习过程。虽然该研究在宏观思想上看仍然属于"概念发展""认知发展"的研究范畴，但以"学习进阶"作为核心目标并在数学教育领域开展的实证研究尚且不多。研究者希望借此研究引起国内数学教育领域对具体数学概念学习进阶研究的重视，也希冀为后续相关研究提供框架、方法和结论的支撑。

第二节　学生概率概念学习及其发展的相关研究

一、从年龄的视角考察概率概念的发展

早在 20 世纪中叶，皮亚杰和英海尔德（Inhelder B）就对儿童概率概念的认知发展进行了十分全面的研究（该研究发表于 1951 年，其英文翻译版于 1975 年面世）。该研究从年龄的视角首次提出：儿童的概率认知深受其思维发展的影响，只有思维发展处于形式运算阶段的儿童才能较好地理解概率，而 12 岁以下的儿童尚不适合学习概率。具体而言，该研究将儿童概率概念的认知发展划分为三个主要阶段[1]：1. 前运演阶段（preoperational stage，7 岁之前）。在这一阶段，儿童尚不能够区分确定性事件和随机事件，他们还没有形成机会或者概率的概念；他们没有发展任何构建样本空间的方法，但在一些简单的概率问题中能够偶然正确列出随机试验所有可能的结果；他们对大数定律没有任何概念，对于随机性概念的理解也模糊不清。2. 具体运演阶段（concrete operational stage，7—11 岁）。在这一阶段，儿童能够区分确定性和不确定性，他们开始表现出对概率的直觉；他们开始对概率有比较全面的认识，但对于概率大小的程度尚不明晰；他们开始知道如何量化概率，但在解决复杂情境中的概率问题时常常遇到困难；与上一阶段相比，他们在构建样本空间方面有了较大的发展，但水平仍然不高；他们对于大数定律仍然没有任

[1] Piaget J & Inhelder B. The origin of the idea of chance in children [M]. New York: Norton, 1975.

何概念。3. 形式运演阶段（formal operational stage，11 岁以后）。在这一阶段，儿童对比例推理有了较好的认识，这为他们理解概率提供了知识基础；他们能将演绎推理与概率知识进行整合，因而能比较精确地计算概率；他们对随机性及大数定律有了一定的认识；他们能够基于组合的规则构造样本空间。

上述研究是皮亚杰认识发展理论的具体化，它比较详实地刻画了在自然状态下概率概念的发展阶段，因而具有深远的教育学价值，也为概率认知的研究提供了一个基本视角。然而有研究指出，皮亚杰和英海尔德的研究在实验控制上不够严谨，这使得它的结论显得模棱两可[1]。事实上，后续有关儿童概率认知的研究也与上述"三阶段"观点有所矛盾，有的研究认为皮亚杰高估了儿童的概率认知水平，而有的研究则认为他低估了儿童的概率认知水平。例如，格林（Green D R）对 3000 名左右 11—16 岁儿童的概率认知发展研究表明，大多数儿童对于随机性的认知水平并没有因为年龄的增长而提高，即便是16 岁的儿童其概率思维也尚未达到皮亚杰研究所提及的形式运演水平[2]。为此，他提出了三点建议：第一，比例的概念在概率内容的学习中不可或缺；第二，学生对于概率语言（如"至少""确定""不可能""可能"等）的掌握十分模糊，尚待在正式的教学中予以加强；第三，学生概率认知中的错误不绝如缕、花样百出，而只有通过系统的学校教学才能帮助他们纠正上述错误。卡彭特（Carpenter T P）的研究表明[3]，即使是 17 岁的美国儿童，对于"抛掷一枚硬币 3 次，估计 3 次都是正面朝上的概率"这类问题，也只有 5% 的被试能够作答正确。肖内西（Shaughnessy J M）认为，皮亚杰等人的研究似乎过于强调儿童概率认知随"年龄"的发展，而其中有关"儿童只有到了形式运演阶段才能较好地理解概率，而这之前的教学干预意义不大"的观点则更显偏

[1] Hawkins A S & Kapadia R. Children's conception of probability: A psychological and pedagogical review [J]. Educational Studies in Mathematics, 1984, 15 (4): 349–377.

[2] Green D R. Probability concepts in 11—16 year old pupils [M]. Center for Advancement of Mathematical Education in Technology, University of Loughborough,1982.

[3] Carpenter T P. What are the chances of your students knowing probability? [J] The Mathematics Teacher, 1981, 74 (5): 342–343.

颇[1]。他指出："即便我同意皮亚杰等人所认为的'比率'和'局部—整体的关系'是儿童理解概率概念的重要知识基础，然而我还认为：第一，在儿童接触正式的概率内容课程之前，他们已然具备了一定的概率直觉；第二，在适当的教学干预下，儿童对概率的理解远比我们想象中要好，甚至在一些时候，他们能够改变之前不良的直觉。"

除了上述方面，有的研究还对皮亚杰等人的研究在方法可行性、合理性等方面提出了两点质疑。第一，有研究认为上述研究在方法的严谨性上存在问题。例如，肖内西指出，对于皮亚杰式的研究（指"认知发展"类的研究），它们在任务的选择和实施环节上有较高的要求，而有时候人们设置的问题未必能够诱导出学生的真实反应，也不见得能够据此精确考察他们的认知水平[2]。第二，有研究还认为，上述研究没有很好地重视教学在学生概念认知发展中的作用。例如，史密斯等人指出，皮亚杰式的研究对学生的学习障碍、困难等过于关注，反而忽略了他们学习中成功的一面[3]。也就是说，他们的研究过分地强调"决定教学起点的是学生，而不是教师"。

菲施拜因（Fischbein E）也对皮亚杰等人的研究中关于"概率认知仅依赖于年龄"的观点提出了不同的看法[4]：单一地从年龄的视角考察儿童的概率认知显然不够严谨，除了年龄，直觉（intuition）因素在他们的概率思维发展中也扮演着重要的角色；除此之外，我们不可忽视学校教学（instructional aspects）对他们概率认知的促进作用。他指出："我们的实验证实，通过直观生动的教学手段，皮亚杰和英海尔德所认为的'只有思维发展处于形式运演阶段才能理解的抽象概念'，具体运演阶段的儿童也能够建构。至少我们已经发现，

[1] Shaughnessy J M. Research on students' understandings of probability [M]. In J Kilpatrick, W G Martin & D Schifter (Eds.), A research companion to principles and standards for school mathematics. Reston, VA: National Council of Teachers of Mathematics, 2003: 216–226.

[2] Shaughnessy J M. Research in probability and statistics: reflections and directions [M]. In D A Grouws (Ed.), Handbook of research on mathematics teaching and learning. New York: Macmillan, 1992: 465–494.

[3] Smith P K & Cowie H. Understanding children's development [M]. Basil Blackwell Ltd, UK, 1988.

[4] Fischbein E. The intuitive sources of probabilistic thinking in children [M]. Dordrecht: Reidel, 1975.

'比例或比率'的概念不一定是儿童学习概率概念的必经环节。甚至对于 10 岁以下的儿童,在直观的教学情境中,他们也能表现出对概率的理解。"这一观点也得到了后续研究的支持[1]。在其后续的研究中,菲施拜因进一步强调了学校教学对儿童概率认知的积极影响[2],"系统、合理的教学能帮助 7 岁甚至 7 岁以下的儿童发展'机会'和'可能性'的概念""直觉是儿童概率认知的源泉与动力,即便是学前儿童,他们也能够对概率问题作出自己的判断,只是尚不能进行清晰的解释而已"。与皮亚杰等人的研究类似,菲施拜因也提出了儿童概率认知发展的阶段论思想。后经韦(Way J)对他的研究进行归纳,划分了儿童概率认知发展的三个阶段[3]。1. 学龄前阶段(7 岁之前)。在这一阶段,儿童对"机会"概念的理解有限,但是他们能够根据试验之后的结果和数据调整自己的预测;教学还不能帮助这一阶段儿童改变他们不良的概率直觉;通过展示具体的实物材料,儿童能够列举简单随机试验所有可能的结果。2. 具体运演阶段(7—12 岁)。在这一阶段,"机会"的概念日渐形成,但是学生的迷思概念(misconception)也随之发展;教学干预对他们的概率理解开始奏效,他们也开始发展概率比较的策略;通过试误法(trial-and-error),他们能够列举简单概率问题的所有可能结果,进而构造样本空间。3. 形式运演阶段(11 或 12 岁以后)。在这一阶段,学生对概率的认知更加全面(a fuller concept of probability);他们能够基于随机试验强化对概率的理解,也能够作出相对准确的预测;教学对他们概率概念的发展有积极的影响;尽管组合技能(combinatorial skills)尚未发展到最高水平,但是他们能够在教学的干预下理解这方面的知识。

韦通过对 74 名 4—12 岁儿童概率认知的考察,就认知发展的阶段进行了更加细致和深入的研究[4]。他强调,以往的"儿童概率认知发展三阶段

[1] Engel J H & Sedlmeier P C. On middle school students' comprehension of randomness and chance variability in data [J]. Zentralblatt für Didaktik der Mathematik, 2005, 37 (3): 168–177.

[2] Fischbein E & Grossman A. Schemata and intuition in combinatorical reasoning [J]. Educational Studies in Mathematics, 1997, 34 (1): 27–47.

[3] Way J. The development of children's notions of probability [D]. Doctoral Dissertation of University of Western Sydney, 2003.

[4] 同 [3].

论"有其合理性，但是它们都没有顾及认知发展中的关键时期或过渡时期，只有挖掘儿童概率认知的上述特殊时期，才能为概率课程的阶段目标和教学的内容组织提供更加可靠的参考依据。具体而言，该研究将儿童的概率认知发展划分为以下阶段（各个阶段有一定的重合）。1. 前概率思维阶段（non-probabilistic thinking stage，4 岁 3 个月—8 岁 2 个月）。这一阶段的儿童尚未完全发展"随机性"的概念，他们习惯于将下一次试验的结果与上一次建立联系，而没有意识到每次试验结果的独立性。例如，他们常常断言，因为上一次是某某结果，所以这一次还会是（或者不会是）某某结果；他们常常被试验材料的物理特性所干扰，完全脱离随机思维去分析概率问题，如有的儿童认为"因为从图片上看，蓝球把绿球包围住了，而绿球在正中间，所以绿球更容易被摸出"；他们还不能将样本空间与事件的概率建立联系，即使他们能够意识到试验材料中每种颜色球的个数不等，他们也不会从样本空间出发对各个结果的概率进行区分和比较，取而代之的是，他们常常基于自身的直觉和主观感受判断概率的大小；他们只能依赖于直观感受、个人喜好等进行概率比较，尚不能够找到可靠的策略计算各个结果的概率大小并据此作出判断。2. 早期概率思维阶段（emergent probabilistic thinking stage，6 岁 11 个月—12 岁 2 个月）。在这一阶段，儿童能够辨识随机性并将其与可能性建立联系，但在一些时候，他们仍然会诉诸主观直觉和个人喜好来解释概率问题；他们仍然易于被前一次的试验结果所干扰，进而倾向于认为下一次试验还会（或者不会）出现该结果；和前一阶段相比，该阶段儿童对样本空间的认知有所发展，但是他们还不能较好地把这一知识应用在概率决策中；在概率比较时，他们能够使用"大小"的度量（如相同、更大、更小）或"程度"的度量（如更多、更少、没有）来刻画概率的相对大小。3. 概率的定量化阶段（probability quantification stage，9 岁 1 个月—12 岁 7 个月）。在这一阶段，学生能够较好地理解随机性和可能性之间的关系；能够较好地将样本空间与概率计算建立联系；与上一阶段相比，他们在概率比较时不仅可以用"大小"和"程度"等模糊、笼统的语言进行表述，还能够基于具体的数值来进行精确的解释。

上述三项有关儿童概率认知的研究都从年龄的视角划分了其认知发展阶

段。尽管这些研究的视角基本一致，但所获得的结论有一定差异：第一，韦和菲施拜因都一再证实了学龄前儿童概率认知的潜能，而这与皮亚杰等人的研究有较大不同。第二，韦和菲施拜因的研究都把儿童的直觉因素纳入考量，这更加接近儿童概率思维发展的实际。第三，韦和菲施拜因的研究还把教学因素作为儿童概率认知发展的重要变量，也证实了低龄儿童对于概率知识的可接受性（并非随着心理成熟而严格地"自然发展"）。第四，韦的研究在阶段划分上还着重考量了阶段之间的过渡性，各个阶段的年龄跨度有一定重合，这说明儿童的概率认知发展阶段似乎并非层级分明，各个阶段之间尚有一段过渡时期。

我国学者对儿童概率认知发展的阶段研究起步相对较晚，但近年来涌现出了一些有代表性的成果。20 世纪 80 年代初期，张增杰等人在国内首次开展了儿童概率认知发展的实证研究[1, 2]。该研究以北京、重庆、昆明、成都和西安五个地区的部分学生为被试，考察了儿童概率概念发展的趋势。在问卷设计方面，该研究采用了三个难度层次的测试项目。层次 1：盒子里有红球和绿球各 1 个，摸出 1 个（两种情况的概率均为 $\frac{1}{2}$）；层次 2：盒子里有红球、绿球和黄球各 1 个，摸出 2 个（三种情况的概率均为 $\frac{1}{3}$）；层次 3：盒子里有红球 2 个、绿球 2 个，摸出 2 个（三种情况的概率为 $\frac{1}{6}$、$\frac{1}{6}$ 及 $\frac{4}{6}$）。结果表明，儿童的概率认知与概率任务的难度有关，其得分率从低到高正好与测试项目的难度层次一致；5 岁儿童对上述三个测试项目的作答均不通过，这说明该年龄儿童尚未具备基本的概率概念；9—11 岁儿童在层次 1 和层次 2 的任务上发展较快，有 50%～70% 的被试能够正确作答这类问题；儿童对层次 3 问题的作答不佳，即使是 15 岁的儿童，能够正确作答的也不足 25%，这说明儿童在组合的策略上遇到了困难。

二、从认知水平的视角刻画概率概念的发展

纵观上述年龄视角下的概率概念发展研究，其思想源流可以归结为皮亚

[1] 张增杰，刘范，赵淑文，等 . 5—15 岁儿童掌握概率概念的实验研究：儿童认知发展研究（Ⅱ）
[J]. 心理科学通讯，1985（6）：3-8+66.
[2] 张增杰，刘中华，邱曼君 . 5—11 岁儿童概率概念认知结构的萌芽及其发展 [J]. 西南师范学院
学报（自然科学版），1983（2）：29-43.

杰的认知发展阶段理论。从学科门类上看，这类研究有着十分浓厚的心理学意味，基本属于认知发展心理学研究的范畴。换言之，这类研究所考察的"认知"一般是指学生自然状态下对概率概念的理解和认识（不排除诸如菲施拜因等人在其研究中着重谈及的教学对于学生认知发展的积极作用）。毋庸置疑，这类研究对于当前数学课程中概率内容的目标定位、难度设计、教材组织等均有十分直接的参考价值：它直观呈现了学生概率概念随着年龄的发展概貌，而每个年龄层学生"发展了什么""不能发展什么""还能发展什么"及"能够发展到何种程度"等信息能够作为概率内容学段划分、阶段目标设置、教材螺旋编排等方面的直接依据。

除了上述研究范式，另一类有关学生概率概念发展的研究则侧重于概率概念本身的形成过程。

李俊等人基于 SOLO 分类法，以我国六、八及十二年级学生为被试，根据学生的作答反应及其认知水平，提出了一个"认知概率概念的发展框架"[1-3]。该研究认为，学生的作答表现（认知水平）并非与其年龄密切挂钩，未接触正式概率课程的学生对概率的认知随着年龄的增长仅有微弱的发展。该研究还指出，对于那些还没有正式学习过概率知识的学生，其概率认知的 P 水平和 U 水平通常出现在 7、8 岁之前，概率认知的 M 水平和 R 水平通常出现在 7、8 岁至 12 岁左右，概率认知的 E 水平大都在 12 岁以后才有所表现[4]。

沃森（Watson J M）等人也使用了 SOLO 分类法作为其划分学生概率认知的基本依据。该项研究以澳大利亚的三、六及九年级学生为被试，通过三个概率任务考察学生对于概率计算问题的认知水平[5]。与李俊等人研究有所区别的是，该研究认为儿童的概率认知未必完全覆盖 SOLO 模型中的五个水平

[1] Li J & Pereira-Mendoza L. Misconceptions in probability [C]. In B Phillips (Ed.), Proceedings of the Sixth International Conference on Teaching Statistics, Cape Town, South Africa. Voorburg, The Netherlands: International Statistical Institute, 2002.

[2] 李俊. 中小学概率的教与学 [M]. 上海：华东师范大学出版社，2003.

[3] 李俊. 学习概率中认知的发展 [J]. 数学教育学报，2002（4）：1-5.

[4] 同 [3].

[5] Watson J M, Collis K F & Moritz J B. The development of chance measurement [J]. Mathematics Education Research Journal, 1997, 9 (1): 60-82.

层级。事实上，有关分数概念发展[1]及体积概念发展[2]的研究等都一再证实，儿童数学概念的发展一般因具体的概念属性有所差异，他们对某些概念的认知水平不会过低（即 P 水平）亦不会过高（即 E 水平），而往往是在中间几个水平（即 U—M—R）上下浮动。除此之外，该研究还认为儿童的概念发展是在两个"U—M—R"的循环中实现的：其中，第一个循环与学生概念的获得有关，第二个循环与学生概念的应用有关。类似地，沃森在上述有关学生概率概念认知的研究中指出，学生的概率比较能力表现出 SOLO 模型中的三个水平（U—M—R），并且总体而言他们的能力发展可以看作是两个"U—M—R"循环的整合[3]。其中 U_1 水平是指，学生能够意识到一些日常试验或游戏中蕴含着不确定性（如抛硬币试验），但是学生对上述概念的感知一般源自于日常的生活经验（因而他们尚未发展对"等可能"的理解）；M_1 水平是指，较之前的 U_1 水平而言，处于该水平的学生能够在某种程度上量化机会的大小（程度），在一些情境下能够进行基本的概率比较；R_1 水平是指，学生能够正确进行概率计算，甚至在一些较复杂的问题情境中亦能如此；U_2 水平是指，在一些较复杂的问题情境中，学生能够整合信息并有效计算概念；M_2 水平是指，在一些复杂的问题情境（如复合试验）中，学生能够使用初步的比率概念推导概率；R_2 水平是指，学生能够自如地利用比率等数学概念刻画概率的大小，并能够使用量化的方法比较两个事件概率的大小。值得注意的是，沃森等人的一项 2—4 年的纵向研究进一步表明，如果以 SOLO 分类法作为衡量学生概率认知水平的框架，学生的概率概念认知在各个水平上都有所发展[4]。

琼斯（Jones G A）等人基于对三年级学生概率概念理解的研究，提出了一

[1] Watson J M, Collis K F & Campbell K J. Developmental structure in the understanding of common and decimal fractions [J]. Focus on Learning Problems in Mathematics, 1995, 17 (1): 1–24.

[2] Campbell K J, Watson J M & Collis K F. Volume measurement and intellectual development [J]. Journal of Structural Learning, 1992, 11 (3): 279–298.

[3] Watson J M, Collis K F & Moritz J B. The development of chance measurement [J]. Mathematics Education Research Journal, 1997, 9 (1): 60–82.

[4] Watson J M & Moritz J B Longitudinal development of chance measurement [J]. Mathematics Education Research Journal, 1998, 10 (2): 103–127.

个描述儿童概率思维发展的框架[1, 2]。该框架从四个内容维度（样本空间、事件的概率、概率比较及条件概率）及四个水平维度（主观水平、过渡水平、不规范的量化水平及数值水平）刻画了儿童概率概念的发展过程，详见表2-1。在该框架中，概率思维处于主观水平（subjective level）的学生，其主观喜好、兴趣在概率判断中扮演着重要角色；概率思维处于过渡水平（transitional level）的学生能够认识到"概率是可以被计算出来的"，但在概率判断时仍然没有完全摆脱主观因素的干扰；概率思维处于不规范的量化水平（informal quantification level）的学生一般能够找到可靠的方法计算事件的概率，但是这些策略也常常是不规范的；概率思维处于数值水平（numerical level）的学生基本形成了用百分比或分数刻画概率大小的意识和能力。

表2-1 学生概率思维发展的4×4框架

子概念	思维水平			
	主观水平	过渡水平	不规范的量化水平	数值水平
样本空间	仅能不完整地列举可能的结果	能借助朴素方法列举简单概率问题（两步试验）中所有可能的结果	能利用较规范的策略列出两步试验概率问题中所有可能的结果	能利用规范的策略列出两步甚至三步试验概率问题中所有可能的结果
事件的概率	仅基于爱好、兴趣判断概率	能通过简单的计算判断概率的大小，但是常常受到主观因素的影响	能计算简单概率问题中的概率　能结合计算结果比较概率大小　能区分必然、不可能、可能事件	能预测一步试验的概率　能规范地计算概率

[1] Jones G A, Langrall C W, Thornton C A & Mogill A T. A framework for assessing and nurturing young children's thinking in probability [J]. Educational Studies in Mathematics, 1997, 32 (2): 101–125.

[2] Jones G A, Langrall C W, Thornton C A & Mogill A T. Students' probabilistic thinking in instruction [J]. Journal for Research in Mathematics Education, 1999, 30 (5): 488–519.

子概念	思维水平			
	主观水平	过渡水平	不规范的量化水平	数值水平
概率比较	仅基于主观比较概率 不能区分"公平"与"不公平"	能基于定量计算来比较两个事件的概率 能理解概率情境下的"公平性"	能基于合理的数值推理来区分"公平性"	能通过数值比较概率
条件概率	在不放回试验中能区分必然事件与不可能事件	基本认识到在不放回试验中，一些事件的概率会发生改变（但这种认识是不稳定的）	在不放回试验中，能计算改变了的概率	能用数值说明放回与不放回试验中的概率 能区分独立事件与不独立事件

三、以往研究的局限及本研究的考察视角

以上梳理了有关学生概率概念发展的研究。总体而言，这些研究不仅为认知发展研究从"理论一般化"（即皮亚杰的认知发展阶段理论）向"领域特殊化"（即概率领域的认知发展理论）的发展打开了一扇窗，也为概率的教与学研究打开了一个心理学视角（即认知心理学、发展心理学）。但是由于其研究目标的特殊性，上述研究大都没有全面和系统地考察学生概率概念的学习进阶，尚不足以为数学教育工作者呈现一幅完整的学生概率概念学习进阶图景。当然，在以上的梳理中，我们也已看到了不同时期研究者在问题、框架、理念及方法等方面提出的质疑和改进，概率认知发展的研究在设计上越来越完善，成果也越来越丰富。

但是，上述研究在刻画概念发展的过程中尚缺乏对概率概念的系统解构。尽管以往研究基于不同的概率任务并从不同视角提出了若干关于"概率概念发展"的模型或框架——这无疑是对学生概率概念认知发展研究的丰富——尤其是以 SOLO 分类理论为代表的水平划分框架，其在皮亚杰式"年龄视角"的基础上有了范式和方法论上的突破，然而这些研究常常是以某个具体的概

率子概念（如随机性[1-3]、概率比较[4,5]、概率计算[6,7]、随机分布[8,9]）为研究内容，其所划分的学生认知水平也仅仅局限于该子概念本身。若从"进阶"的视角来考察这类研究，它们所刻画的学习进阶实则为学生对该子概念的认知由浅层次到深层次、由低水平到高水平的发展过程。事实上，这类研究仍然没有系统、深刻地描述"学生是如何从某个子概念发展到另一个子概念的"。可见，除了上述针对具体的概率子概念进行的认知水平（及其发展）研究，鲜有研究将更多的概率子概念纳入一个整体的结构中进行全面考察[10]。此外，源于上述研究的独特选题及其目的，倘若把其中提出的框架或模型整合到一个体系中去则并非易事。正如肖内西在其研究中指出的[11]："当前有关学生概率概念认知发展的模型为数不多。如果我们想在研究设计中整合以往研究提及的这些模型——无论是数学教育研究者还是心理学家提出的——这似乎总会

[1] Batanero C & Serrano L. The meaning of randomness for secondary students [J]. Journal for Research in Mathematics Education, 1999, 30 (5): 558−567.

[2] Engel J & Sedlmeier P. On middle-school students' comprehension of randomness and chance variability in data [J]. Zentralblatt für Didaktik der Mathematik, 2005, 37 (3): 168−177.

[3] Nikiforidou Z & Pange J. The notions of chance and probabilities in preschoolers [J]. Early Childhood Education Journal, 2010, 38 (4): 305−311.

[4] Jones G A, Langrall C W, Thornton C A & Mogill A T. Students' probabilistic thinking in instruction [J]. Journal for Research in Mathematics Education, 1999, 30 (5): 487−519.

[5] Watson J D & Moritz J B. The development of comprehension of chance language: Evaluation and interpretation [J]. School Science and Mathematics, 2003, 103 (2): 65−80.

[6] Watson J M, Collis K F & Moritz J B. The development of chance measurement [J]. Mathematics Education Research Journal, 1997, 9 (1): 60−82.

[7] Chernoff E J. The state of probability measurement in mathematics education: a first approximation [J]. Philosophy of Mathematics Education Journal, 2008, 23: 1−23.

[8] Chernoff E J. Sample space partitions: An investigative lens [J]. Journal of Mathematical Behavior, 2009, 28 (1): 19−29.

[9] Chernoff E J & Zazkis R. From personal to conventional probabilities: from sample set to sample space [J]. Educational Studies in Mathematics, 2011, 77 (1): 15−33.

[10] Jones G A, Langrall C W, Thornton C A & Mogill A T. A framework for assessing and nurturing young children's thinking in probability [J]. Educational Studies in Mathematics, 1997, 32 (2): 101−125.

[11] Shaughnessy J M. Research in probability and statistics: Reflections and directions [M]. In D A Grouws (Ed.), Handbook of research on mathematics teaching and learning. New York: NCTM & Macmillan, 1992: 465−494.

有一定的风险，因为这会使得'整合'的模型十分复杂，并且对于研究者和一线教师都难以有实际的价值。"基于上述分析，本研究着眼于对概率概念进行更深入的解构，尽可能做到对学生概率概念学习进阶的细致刻画。

第三节 国际数学课程中概率内容的核心概念

　　科诺尔德（Konold C）曾指出，概率是一个"不稳定"（slippery）的概念。这其中的"不稳定性"体现在以下两个方面：一方面，传统数学（包括代数、几何等）一般是一种"确定性"的数学，与之形成鲜明对比，建立在"随机性"基础上的概率学则主要研究的是"不确定性"；另一方面，长久以来，人们对于概率的认识（无论是哲学上的辨析还是对其内涵的理解）始终存在诸多不同意见[1]。尽管有关概率的解释在不同的情境下有所不同，但人们对于日常生活中接触的概率概念还是基本上达成了共识，在相关的字典或工具书中也能找到它的通用定义。例如，柯林斯参考字典（Collins Reference Dictionary）中将概率定义为[2]：

　　概率是对人们就某件事发生概率大小所持信心程度的度量或估计，它的取值范围从"0"到"1"，表示程度从"不可能"到"一定"递增。它还可以被定义为目标结果（favorable outcomes）与所有可能结果（total of possible outcomes）的比值。

　　上述定义中涉及有关概率内容的诸多相关子概念。例如，有关概率内容的术语"可能""不可能""一定"；与概率有关的数学概念"比值"等。除此之外，它还涉及与概率内容相关的一些潜在概念，如"样本空间""随机性"

[1] Konold C. Understanding students' beliefs about probability [M]. In E von Glasersfeld (Ed.), Radical constructivism in mathematics education. Holland: Kluwer, 1991: 139–156.

[2] Collins Australian Pocket English Dictionary [M]. Sydney: William Collins & Sons, 1981.

等；它还涉及概率的计算（推导）方法层面的解释，如（精确）"度量"（古典概率）、"估计"（实验概率）等。当然，概率的概念体系远不止上述方面，它与统计的相关概念也常常有诸多交织，这也是为什么人们有时用"推断统计学"（stochastics）来形容"概率"和"统计"概念融合之后形成的知识体系。

本部分通过对多个国家数学课程标准及教材的梳理，厘清当前国际数学课程中有关概率内容核心概念的选取及其纵贯设计脉络，为本研究的框架设计、概念解构、任务开发等提供理论支撑。

一、国外数学课程标准中概率内容的核心概念

自 20 世纪 80 年代开始，国际范围内的数学课程陆续将概率内容纳入基础教育阶段中。课程标准作为各个国家数学课程实施的官方指导文件，它反映了各国教育管理部门对数学内容课程目标、知识编排等方面的总体考量。如果把有关某个具体内容的各学段目标连贯起来考察，那么在一定程度上反映了各国课程标准对该内容学习过程的宏观设计。下面选取美国、英国和澳大利亚的数学课程标准，通过纵贯梳理其认知要求来窥测课程标准对概率内容学习过程的预期设计，详见表 2-2。

表 2-2　美、英、澳数学课程标准对七—九年级概率内容的认知要求

国别	数学课程标准对七—九年级概率内容的认知要求
美国	理解"可能""一定"等术语 利用列表、树形图等手段计算概率 理解样本空间，并将其应用到概率计算当中
英国	列举独立事件的所有可能结果 定性描述事件的概率大小程度 比较实验概率和理论概率
澳大利亚	为具有等可能结果的一步试验构建样本空间 列举两步试验中所有可能的结果

注：由于课程标准中常将统计与概率的内容归结在一个大的领域之内，本部分为了更加清晰地呈现概率内容的连贯设计，因而尽量只列举与（古典）概率密切相关的内容。

通过以上梳理可以发现：第一，上述国家数学课程标准有关概率内容的设置基本都是按照从直观感知到具体抽象、从定性比较到定量计算的序列推

进的；第二，在初中阶段，有关古典概率内容的核心概念主要有：样本空间、概率计算、概率比较等，当然，有些国家已涉及和事件概率与积事件概率等更高阶的概率内容。

二、我国数学课程标准中概率内容的核心概念

《课程标准（2011 年版）》关涉的概率内容及其学段目标如表 2-3 所示。总体而言，我国当前数学课程标准中有关古典概率内容的核心概念有：样本空间（"用列表法列出简单随机事件所有可能的结果，以及指定事件发生的所有可能的结果"）、概率比较（"可能性大小的定性描述"）等，对于概率计算较《课程标准（实验稿）》略有削弱。

表 2-3　我国《课程标准（2011 年版）》关涉的概率内容及其学段目标[1]

学段	《课程标准（2011 年版）》	
	内容	认知要求
第一学段（1—3 年级）	无	无
第二学段（4—6 年级）	随机现象发生的可能性	（1）结合具体情境，了解简单的随机现象；能列出简单的随机现象中所有可能发生的结果 （2）通过实验、游戏等活动，感受随机现象结果发生的可能性是有大小的，能对一些简单的随机现象发生的可能性大小作出定性描述，并和同学交流
第三学段（7—9 年级）	事件的概率	（1）能通过列表、画树状图等方法列出简单随机事件所有可能的结果，以及指定事件发生的所有可能结果，了解事件的概率 （2）知道通过大量地重复试验，可以用频率来估计概率

注：由于本研究是在《课程标准（2011 年版）》的框架下开展的，因此主要以该版课程标准为参考。

三、中小学概率内容的核心概念解构

基于上述国际中小学数学课程标准中有关概率内容及其认知要求的梳

---

[1] 中华人民共和国教育部. 义务教育数学课程标准（2011 年版）[S]. 北京：北京师范大学出版社，2012.

理，并结合我国现行课程标准、数学教材对于概率内容的设置，研究者厘清了古典概率所涉及的核心概念，这将为后文研究工具的开发、学习进阶的探索提供理论框架。

中小学古典概率内容从知识逻辑上可以解构为随机事件的术语、样本空间、概率计算、概率比较、条件概率等子概念，这呼应了琼斯等人提出的"儿童概率思维的发展框架"[1, 2]。值得提及的是，第一，研究者认为本研究不适合将条件概率概念纳入中学古典概率内容的框架之中。其原因在于，一方面，我国现行课程标准和数学教材并未涉及条件概率等高阶概率内容，国际范围内的数学课程标准和数学教材也鲜有触及这一内容；另一方面，国外和国内的实证研究也表明该部分内容对于学生而言难度颇大[3]。第二，研究者认为本研究中不必将随机事件的术语纳入这些古典概率内容的框架之中。这并非说明该概念不从属于古典概率内容，而是已有研究表明，在"摸球"游戏等概率问题（亦即本研究将要依托的测查问题）中，中学生对于随机性术语的理解已达到颇高的水平[4]。为了减轻学生的作答负担，研究者认为可以略去这一内容。鉴于上述分析，结合本研究关涉被试的认知水平状况，研究者将古典概率内容解构为"样本空间""概率计算""概率比较"三个子概念。另需补充说明的是，尽管"样本空间"的概念在高中时才正式提及，但初中教材中"用列举法求概率"等内容中已有涉及（只是未明确提及概念术语而已）。

[1] Jones G A, Langrall C W, Thornton C A & Mogill A T. A framework for assessing and nurturing young children's thinking in probability [J]. Educational Studies in Mathematics, 1997, 32 (2): 101–125.

[2] Jones G A, Langrall C W, Thornton C A & Mogill A T. Students' probabilistic thinking in instruction [J]. Journal for Research in Mathematics Education, 1999, 30 (5): 488–519.

[3] Borovcnik M & Bentz H. Empirical research in understanding probability [M] In R Kapadia & M Borovcnik. (Eds.), Chance Encounters: Probability in Education. Dordrecht: Kluwer Academic Publishers, 1991: 73–105.

[4] 何声清，巩子坤. 7—9 年级学生概率认知中的"等可能性偏见"研究 [J]. 数学通报，2017，56 （6）：13–17.

第四节 学生概率学习影响因素的相关研究

概率概念的学习进阶研究呈现了学生概率概念理解的发展过程和认知水平的递进图景，它主要关涉"学生是在怎样的路径中发展概率概念的""学生的概率概念发展有哪些'阶'（水平）"及"学生在概率概念发展过程中遇到了哪些困难（错误）"等问题。这些都属于"现状"研究。随之而来的问题是：学生概率内容的学习进阶为何是这样一幅图景？他们为何在某些环节遇到了困难？换言之，影响学生概率内容学习的因素有哪些？

纵观以往研究，专门系统探讨学生概率概念学习影响因素的研究可谓寥寥。不过值得注意的是，当前研究大都以某个单一因素为变量，考察其与概率某个子概念学习的关系。换言之，当前有关的此类研究没有把更多的子概念体系纳入考查范围，其所探讨的"影响因素"一般是指促进或抑制学生对某一个子概念理解的因素，另有少部分研究考察了"哪些因素促进或抑制了学生对该子概念的持续发展（随着年龄而纵贯发展）"，而鲜有研究关注"哪些因素促进或抑制了学生从概率的低级子概念向高级子概念发展"。除此之外，以往的此类研究大都基于其特定的研究目的（即仅考察学生对某个子概念的理解）而仅仅探讨了某一个因素对学生概念理解的影响。换言之，这些研究中有关"影响因素"的考察大都局限于"影响某一个子概念学习的某一个变量"，甚至有的研究并未正式提及"影响因素"的概念，这说明以往有关概率概念学习影响因素的研究尚缺乏系统性，大都着眼于"某个因素对某个年龄（或年级）学生学习某个子概念（如'随机性'）的影响"，而缺乏对"不同因素对学生概率概念学习进阶的影响及其具体影响机制"的探索。

在本部分，研究者通过对有关学生概率内容学习影响因素的研究（其中有的研究并未直接提及"影响因素"的概念）进行梳理，概括了当前此类研究所持有的两个基本视角（知识层面、直觉层面），并据此为本研究的框架设计和模型构建提供参考。

一、从知识层面考察概率学习的影响因素

数学知识的发展是在逻辑严密的体系之下向前推进的。以古希腊的《几何原本》为例，几何概念的发展、定理的推进等是环环相扣、一脉相承的。换言之，后续内容的学习是建立在已有的概念基础之上的，先前学习的内容是后续内容的知识基础。从这个意义上说，相关的知识基础是学生概率概念学习过程中不可忽略的因素。

不少研究一再证实了组合推理对于学生古典概率内容学习的影响。皮亚杰和英海尔德认为[1]：当学生开始学习复合事件概率的时候，他们对概率概念的理解在很大程度上受到组合认知的影响，"儿童从 12 岁左右开始能够理解组合运算，并能够把概率的理解建立在可能的组合数之上，也就能够进行精确的概率计算了"。古典概率具有理论先验性，它在计算过程中依赖于学生对样本空间的理解[2]。而在复合试验中，构造样本空间的过程实质上是一个组合的过程[3, 4]，因此组合推理是学生概率概念的学习过程中重要的知识基础。这在一项新近研究中再次得到了证实：在复合试验中，组合运算的复杂程度是决定问题难度的重要变量。当组合中的元素较少且组合个数有限时，学生能够较好地构建样本空间并计算事件的概率；而当组合中的元素较多且组合的过程相对复杂时，学生在构建样本空间时常常面临不小的困难，而这也直接导致其无法计算事件的概率。例如，抛一枚硬币两次，所有可能的组合（样

[1] Piaget J & Inhelder B. The origin of the idea of chance in children [M]. New York: Norton, 1975.

[2] Shaughnessy J M. Research on students' understandings of probability [M]. In J Kilpatrick, W G Martin & D Schifter (Eds.), A research companion to Principles and Standards for School Mathematics. Reston, VA: National Council of Teachers of Mathematics, 2003: 216–226.

[3] Batanero C, Navarro P V & Godino J D. Effect of the implicit combinatorial model on combinatorial reasoning in secondary school pupils [J]. Educational Studies in Mathematics, 1997, 32 (2): 181–199.

[4] Fischbein E & Grossman A. Schemata and intuitions in combinatorial reasoning [J]. Educational Studies in Mathematics, 1997, 34 (1): 27–47.

本空间）是 {（正面，正面），（正面，反面），（反面，反面），（反面，正面）}。
而学生构建这样的样本空间是存在困难的：他们常常被表面相似的情况所蒙
蔽，并且难以找到一个可靠的策略做到"不重不漏"地列举。构造样本空间的
过程是学生进行系统列举（systematically enumerate）的过程 [1]。研究表明，学
生对一些简单试验的所有可能结果的列举困难不大 [2]，而在复合试验中则遇
到不小的困难 [3]。还有研究指出，组合推理内容在当前的中小学教材中重视
不够 [4]。可见，有关学生组合推理能力及其对概率内容学习影响的研究很有
必要。事实上，新近研究再度证实了组合推理能力对学生概率概念学习的影
响，指出组合知识对学生概率概念认知水平的影响权重达到 43.9% [5]。但是，
关于组合推理是如何影响学生古典概率内容学习的，尚待进一步探索。

鉴于上述分析，本研究将"组合知识"作为学生古典概率学习进阶的影响
因素之一，并设计匹配的测试项目加以考察。

二、从直觉层面考察概率学习的影响因素

除了上述的知识层面和思维层面，直觉也是影响儿童概率内容学习的一
个不可忽视的因素。人们对于概率概念的认识已镶嵌在熙熙攘攘的市井信息
之中，对于概率思维的发展已依托于现实的文化基础之上。有研究指出，尽
管概率内容被引进中小学课程的时间较晚，在中小学课程中的分量不大、内
容不深，但是儿童在真正接触学校课程正式的概率知识（formal knowledge）
之前，他们已经在生活经验中积累了一些朴素的、非正式的概率知识
（informally acquired knowledge），这些已经具备的朴素知识不可避免地与正式

[1] Piaget J & Inhelder B. The origin of the idea of chance in children [M]. New York: Norton, 1975.

[2] 何声清，巩子坤. 11—14 岁学生关于可能性比较的认知发展研究 [J]. 数学教育学报，2013，22（5）：57-61.

[3] Jones G A, Langrall C W & Mooney E S. Research in probability: Responding to Classroom Realities. In F Lester (Ed.), Second handbook of research on teaching and learning mathematics. Reston, VA: The National Council of Teachers of Mathematics, 2007: 909–955.

[4] English L D. Combinatorics and the development of children's combinatorial reasoning [M]. In G A Jones (Ed.), Exploring Probability in School, 2005: 121–141.

[5] 巩子坤，殷文娣，何声清. 9—14 岁儿童概率认知与四类认知的关系研究 [J]. 杭州师范大学学报（自然科学版），2017，16（6）：580-586.

知识存在着交互和矛盾，先前根植于头脑的经验和直觉或多或少地会影响他们对概率知识的后续学习[1]。因此，曾有研究者呼吁数学教育研究者着眼于从社会文化的视角考察影响人们日常决策（decision-making）的因素[2]。在世界范围的已有研究中，有关人们对于概率的不良直觉及其负面影响已被一再证实。例如，有相当多的儿童甚至成人都持有"概率不可知论"的观点，他们的直觉告诉自己"人类还不能预测未来的事情，概率孰大孰小不可能知道"[3-6]。又如，不少儿童在概率决策时表现出一种"等可能性偏见"[7]，他们常常不当地运用"50% vs. 50%"（"一半一半"）的术语对各事件的概率"一视同仁"，认为"这些结果的可能性都是 50% 对 50% 的"。

除了上述方面，直觉因素也并非一直对概率内容的学习起负面作用。穆尔（Moore D S）和科布（Cobb G W）就曾指出[8]：传统数学和统计学的区别在于，传统数学讲求抽象化和严密性，研究的问题是法则性质的证明等，研究的基础是定义、原理和假设；统计学没有数学那么严格，它研究的基础是对数据的感悟、归纳和整理，是建立在对随机性的理解之上，它所依赖的方法也不是十分严密的，而是一种归纳性质的，而且方法不同所获得的结果也不同。博

[1] Amir G S & Williams J S. Cultural influences on children's probabilistic thinking [J]. Journal of Mathematical Behavior, 1999, 18 (1): 85-107.

[2] Greer G & Mukhopadhyay S. Teaching and learning the mathematization of uncertainty: Historical, cultural, social and political contexts. In G A Jones (Ed.), Exploring probability in school: Challenges for teaching and learning. New York: Springer, 2005: 297-324.

[3] Batanero C & Serrano L. The meaning of randomness for secondary school students [J]. Journal for Research in Mathematics Education, 1999, 30 (5): 558-567.

[4] Fischbein E, Sainati N M & Sciolis M M. Factors affecting probabilistic judgments in children and adolescents [J]. Educational Studies in Mathematics, 1991, 22 (6): 523-549.

[5] Savard A. Simulating the risk without gambling: can student conceptions generate critical thinking about probability? [R]. Paper presented at the international conference on teaching statistic (ICOTS 8), Ljubljana, Slovenia, 2010, July 5-9.

[6] Vahey P. Learning probability through the use of a collaborative, inquiry-based simulation environment [J]. Interactive Learning Research, 2000, 11 (1): 51-84.

[7] Lecoutre M P. Cognitive models and problem spaces in "purely random" situations [J]. Educational Studies in Mathematics, 1992, 23 (6): 557-568.

[8] Moore D S & Cobb G W. Statistics and mathematics: Tension and cooperation [J]. The American Mathematical Monthly, 2000, 107 (7): 615-630.

罗夫尼克（Borovcnik M）等人认为，概率的教学从伊始阶段就要关注直觉的培养，这有助于他们在正式教学的基础上更好地理解概念[1]。菲施拜因在批评皮亚杰等人"概率认知发展研究"时也指出，单一地从年龄的视角考察儿童的概率认知显然不够严谨，除了年龄，直觉因素在他们的概率思维发展中也扮演着重要的角色[2]。他还进一步指出，直觉是儿童概率认知的源泉与动力，即便是学前儿童，他们也能够对概率问题作出自己的判断，只是尚不能进行清晰的解释而已[3]。

基于本领域大量文献的梳理，结合本研究的任务设计，研究者厘清了以下七个影响学生概率内容学习进阶的直觉性因素。该部分的梳理为后文《影响因素问卷》的设计提供了理论支撑。

1. 随机性直觉

"机会"（chance）、"不确定性"（uncertainty）、"可能性"（likelihood）等概念充斥在我们的生活中，与我们日常生活经验、思想、决策等密不可分。概率概念是建立在随机性概念的基础之上的。我们在面临生活中的事件时，常常要判断它是一个确定事件还是不确定事件，而这其中就涉及对于随机性概念的理解。换言之，在正式学习概率概念之前，我们应该明确地用"可能""一定""不可能"等词汇描述生活中的事件类型[4]。可见，对随机性概念的理解是学习概率内容的基础。

早在 20 世纪 70 年代，皮亚杰和英海尔德就已对儿童的随机性概念进行过较系统的研究。他们的研究发现：思维发展处于前运演阶段（4—7 岁）的儿童是难以区分"确定性"和"不确定性"的，因为他们尚未发展逻辑运算

[1] Borovcnik M & Peard R. Probability [M]. In A J Bishop, K Clements, C Keitel, J Kipatrick & C Laborde (Eds.). International handbook in mathematics education. Dordrecht: Kluwer, 1996: 239–288.

[2] Fischbein E. The intuitive sources of probabilistic thinking in children [M]. Dordrecht：Reidel，1975.

[3] Fischbein E. Schemata and intuition in combinatorical reasoning [J]. Educational Studies in Mathematics, 1997, 34 (1): 27–47.

[4] Pratt D. Making sense of the total of two dice [J]. Journal for Research in Mathematics Education, 2000, 31 (5): 602–625.

（logical-arithmetical）能力。特别地，由于概率概念是建立在随机性概念的基础之上的，因此 7 岁之前的儿童是无法理解后续的概率内容的 [1]。

皮亚杰和英海尔德还设计了著名的"雨滴实验"（即在一块方形的区域内，让学生画出下雨时雨滴的分布）来考察学生对于随机性的理解。该研究表明，低龄儿童通常采取一种绝对化、确定性的思考方式，认为每个区域内的雨滴数量是绝对相等的——这显然是缺乏随机性概念的表现 [2]。后续研究也得出同样的结论。这些研究一致认为：低龄儿童通常会"先入为主地"（predisposed）从规则、顺序、对称等角度作出预测 [3, 4]。

韦的研究更明确地指出，低龄儿童在面临随机任务时通常会作出主观的判断，他们仅仅能在很小的程度上区分"确定""不可能"和"可能"等概念，而这也导致其在概率比较、概率计算、条件概率等问题中作出主观的、非量化的判断 [5]。随机性概念的缺失能够直接造成对后续概率概念学习的消极影响，这也得到了其他研究的支撑 [6-8]。有研究指出，学前（preschool）儿童能够区分

[1] Piaget J & Inhelder B. The origin of the idea of chance in children [M]. London: Routledge & Kegan Paul, 1975.

[2] 同 [1].

[3] Langrall C & Mooney E. Characteristics of elementary school students' probabilistic reasoning [M]. In G Jones (Ed.), Exploring probability in school: Challenges for learning and teaching. New York: Springer, 2005: 95–119.

[4] Metz K. Emergent understanding and attribution of randomness: Comparative analysis of the reasoning of primary grade children and undergraduates [J]. Cognition and Instruction, 1998, 16 (3): 285–365.

[5] Way J. The development of young children's notions of probability [C]. In Proceedings of CERME3, Bellaria, Italy, 2003.

[6] Kafoussi S. Can kindergarten children be successfully involved in probabilistic tasks? [J]. Statistics Education Research Journal, 2004, 3 (1): 29–39.

[7] Engel J & Sedlmeier P. On middle-school students' comprehension of randomness and chance variability in data [J]. Zentralblatt fur Didaltik der Mathematik, 2005, 37 (3): 168–177.

[8] Green D R. Children's understanding of randomness [C]. In R Davidson & J Swift (Eds.), Proceedings of the Second International Conference on Teaching Statistics. Victoria, British Columbia, 1986: 287–291.

"最有可能""不大可能"[1, 2]。对于初中阶段的学生来说，他们在小学阶段已学习了"随机性"概念，因此其在该概念上的认知水平应该不至于像低龄儿童那样糟糕。但问题是，该概念的理解是如何影响其对于后续概率概念的学习的？这是一个值得深究的话题，也是研究者将这一十分基础的因素作为影响学生概率概念学习进阶的重要变量之一的原因。

2. 可度量性直觉

义务教育阶段涉及的概率内容主要是古典概率和频率概率。对于古典概率而言，样本空间的样本点是有限的，每个样本点发生的可能性是相等的。某事件的概率可以根据"该事件包含的样本点个数 ÷ 样本空间的样本点个数"进行计算。换言之，它是能够被精确计算或者合理估计的。正如瓦伊（Vahey P）所指出的：儿童在理解概率概念之前，应至少认识到它是能够被计算或估计出来的[3]。换言之，如果他们的直觉里顽固地认为概率是一种神秘的、难以捉摸的东西，那么他不可能理解古典概率的先验性，也就不可能认为概率是一门可靠的、有理可循的学科。事实上，有相当一部分儿童甚至成人都持有"概率不可知论"（unpredictability）的观点，他们认为"人类还不能预测未来的事情"[4-8]。例如，特鲁兰（Truran K M）的研究发现，有些儿童通

[1] Pange J. Teaching probabilities and statistics to preschool children [J]. Information Technology in Childhood Education, 2003, (1): 163-172.

[2] Nikiforidou Z & Pange J. Sample space and the structure of probability combinations in preschoolers [C]. In D Pitta-Pantazi & G Philippou (Eds.), Proceedings of CERME 5, Larnaca, Cyprus, 2007: 782-790.

[3] Vahey P. Learning probability through the use of a collaborative, inquiry-based simulation environment [J]. Interactive Learning Research, 2000, 11 (1): 51-84.

[4] Batanero C & Serrano L. The meaning of randomness for secondary school students [J]. Journal for Research in Mathematics Education, 1999, 30 (5): 558-567.

[5] Fischbein E, Sainati Nello M & Sciolis Marino M. Factors affecting probabilistic judgments in children and adolescents [J]. Educational Studies in Mathematics, 1991, 22 (6): 523-549.

[6] Savard A. Simulating the risk without gambling: can student conceptions generate critical thinking about probability? [R]. Paper presented at the international conference on teaching statistic (ICOTS 8), Ljubljana, Slovenia, 2010, July 5-9.

[7] Vahey P. Learning probability through the use of a collaborative, inquiry-based simulation environment [J]. Interactive Learning Research, 2000, 11 (1): 51-84.

[8] 李俊. 中小学概率的教与学 [M]. 上海：华东师范大学出版社，2003.

常认为事件的概率是由"上帝"等神秘因素所决定的，而这一错误直觉直至他们升至中学时依然顽固地存在于头脑之中[1]；又如，阿米尔（Amir G）和威廉姆斯（Williams J）对 38 名初一学生的研究发现，不少学生在对随机试验结果进行判断时，认为"是上帝掌控了世界上发生的一切"（God controls everything that happens in the world）[2]。除了上述不良直觉以外，有些儿童还会把随机试验的结果归结为由游戏道具（如硬币、骰子等）决定的[3]，例如，有学生认为："我们要预测的是摸到哪种球的概率大，可是我们不是球，这件事情只有球才知道"[4]。

3. 客观性直觉

琼斯等人在其研究中将学生的概率认知划分为四个水平，其中最低水平即为主观水平（subjective level），该水平的学生大都根据个人的主观或直觉进行推理，他们的喜好、兴趣等在概率决策中起到了支配作用[5]。而事实上，古典概率具有理论先验性，它可以从理论上进行计算。可见，对处于主观水平的学生而言，他们对概率的客观性缺乏深刻的认识。琼斯等人的研究还发现：对概率客观性缺乏认知的学生是能够区分"确定性"和"不确定性"的，但是他们无法区分"公平"和"不公平"[6]。

格里尔（Greer B）的研究也指出：低龄儿童对于随机性（randomness）有较好的直觉，但是他们会有意无意地将其与生活中的"随意性"（arbitrary）概

[1] Truran K M. Children's understandings of random generators [C]. In C Beesey & D Rasmussen (Eds.), Mathematics Without Limits, Proceedings of the 31st Annual Conference of the Mathematical Association of Victoria. Melbourne, 1994: 356−362.

[2] Amir G & Williams J. Cultural influences on children's probabilistic thinking [J]. Journal of Mathematical Behavior, 1999, 18 (10): 85−107.

[3] Watson J M & Moritz J B. The development of comprehension of chance language: Evaluation and interpretation [J]. School Science and Mathematics, 2003, 103 (2): 65−80.

[4] 何声清，巩子坤．7—9 年级学生概率比较的策略及其发展 [J]．数学教育学报，2017，26（2）：41−45.

[5] Jones G, Langrall C, Thornton C & Mogill T. A framework for assessing and nurturing young children's thinking in probability [J]. Educational Studies in Mathematics, 1997, 32 (2): 101−125.

[6] 同 [5].

念混淆起来，并且他们据此还会认为个体能够人为地控制概率[1]。国内研究也证实了这一点：以摸球游戏为例，该游戏要求学生对摸球试验不同结果的概率进行比较。学生在作答时常常将"随机摸球"曲解为"随意摸球"，并且认为"随意"即"随我之意"。因此，有学生认为"因为我喜欢白球，所以摸到白球的可能性大""因为我想让它们机会平等，所以它们的概率是一样的"[2]。又如，肖内西的研究表明，"学生的概率认知有一类典型的不良表现是：他们喜欢以自己对结果的'相信程度'来判断其概率的大小，这在很大程度上依赖于其主观猜测"[3]。

除了上述典型表现，儿童对概率客观性认知的缺乏还表现在其他方面。

例如，皮亚杰和英海尔德的研究指出，儿童在面临概率任务时，常常趋向于从确定性思维的视角作出臆断。例如，在 5 次独立重复试验中，他们有时会根据某种"规则"或"顺序"等来描述结果的概率变化[4]。这也得到了其他研究的支撑[5]。

又如，沃森和莫里茨（Moritz J B）曾以掷骰子游戏为载体考察学生对古典概率的认知，他们划分了中小学生概率认知的四个水平：水平一，基于直觉或主观信念作出判断；水平二，没有基于实验的推断；水平三，基于骰子的构造和特性作出判断；水平四，从不同程度使用了系统的策略[6]。可见，处于水平一——水平三的学生都在不同程度上忽略了概率的客观性，转而从主观上寻

[1] Greer B. Understanding probabilistic thinking: The legacy of Efraim Fischbein [J]. Educational Studies in Mathematics, 2001, 45 (1): 15–33.

[2] 何声清，巩子坤. 7—9 年级学生概率认知中的"等可能性偏见"研究 [J]. 数学通报，2017，56（6）：13–17.

[3] Shaughnessy J M. Research in probability and statistics: reflections and directions [M]. In D A Grouws (Eds.). Handbook of Research on Mathematics Teaching and Learning, New York: Macmillan, 1992: 465–494.

[4] Piaget J & Inhelder B. The origin of the idea of chance in children [M]. London: Routledge & Kegan Paul, 1975.

[5] Metz K. Emergent understanding and attribution of randomness: Comparative analysis of the reasoning of primary grade children and undergraduates [J]. Cognition and Instruction, 1998, 16 (3): 285–365.

[6] Watson J M & Moritz J B. The development of comprehension of chance language: Evaluation and interpretation [J]. School Science and Mathematics, 2003, 103 (2): 65–80.

找某种理由进行解释。

综上可见，学生总是趋向于从主观的视角审视概率，而这恰恰是缺乏对于概率客观性认识的表现。

4. 独立性直觉

随机现象的特点是短期结果的不可预测性和长期结果的稳定性[1]，这使得我们可以根据大量重复试验的结果作出可行、合理的预测。研究表明，学生常常在理解独立试验结果之间的"独立性"（independence）上遇到困难[2]，于是转而诉诸因果推理（causal reasoning）的办法试图寻找某种"诱因"（cause）或"关联"（relationship）来解释前一次试验结果和后一次试验结果的关系[3-6]。

例如，科诺尔德等人设计了一项连续抛硬币试验：

抛一枚均匀的硬币，当连续出现 4 次正面时，请问：第 5 次试验的结果如何？

无论是大学生还是小学生，他们大都倾向于相信下一次会出现反面，其理由常常是"该轮到背面啦"（it's tails' turn）。可见，学生忽略了各次试验之间的独立性，错误地将它们建立某种因果联系[7]。

[1] Metz K. Emergent understanding and attribution of randomness: Comparative analysis of the reasoning of primary grade children and undergraduates [J]. Cognition and Instruction, 1998, 16 (3): 285−365.

[2] Batanero C & Serrano L. The meaning of randomness for secondary students [J]. Journal for Research in Mathematics Education, 1999, 30 (5): 558−567.

[3] Batanero C, Henry M & Parzysz B. The nature of chance and probability [M]. In G A Jones (Ed.), Exploring probability in school: Challenges for teaching and learning, New York: Springer, 2005: 15−37.

[4] Konold C. Informal conceptions of probability [J]. Cognition and Instruction, 1989, 6 (1): 59−98.

[5] Konold C. Understanding students' beliefs about probability [M]. In E von Glasersfeld (Ed.), Radical constructivism in mathematics education. Dordrecht, The Netherlands: Kluwer, 1991: 139−156.

[6] 同 [1] .

[7] Konold C, Pollatsek A, Well A, Lohmeier J & Lipson A. Inconsistencies in students' reasoning about probability [J]. Journal for Research in Mathematics Education, 1993, 24 (5): 392−414.

5. 规律性直觉

生活中的很多随机现象是无法借助古典概率模型来回答的。例如，抛掷一枚啤酒瓶盖，我们难以通过理论运演推导瓶盖底面朝上的概率——因为它不是均匀的——从而两面朝上的概率也不是等可能的。因此，我们只有在大量重复试验的场景中通过频率来估计概率。可见，尽管古典概型对于我们日常生活中的决策十分重要，但有时候我们不得不诉诸频率概率的办法。频率概率之所以可靠、有效、值得信赖，是因为它建立在同等条件下大量重复试验的结果之上。也即是说，在同等条件下进行大量的重复试验，各结果的频率会逐渐稳定下来，这就是随机性中的规律性。换言之，一旦抛开"同等条件下""大量重复试验"这些基本前提，频率的"稳定性"就不复成立，"用频率估计概率"就会失去效力。

关于"稳定性"或"规律性"的理解，以下方面值得注意。第一，频率本身是随机的，在试验之前不能被确定，即便做同样次数的试验，得到的频率也不尽相同。第二，当我们进行 100 次、500 次、1000 次……重复试验时，频率的总体波动会随着试验次数的增加逐渐变小，这即是"稳定性"的表现，我们可以从中发现"规律性"并据此通过频率估计概率。第三，重复试验的次数越多，频率远离概率的可能性就越小，这是"稳定性"的本质所在。

6. 等可能性偏见

勒库特（Lecoutre M P）在他的研究中通过实例对"等可能性偏见"（equiprobability bias）的概念进行了阐述：在我们的日常生活和课堂教学中，通常会用硬币、骰子、球等外形对称的物体作为随机试验的工具，在这些试验中，学生往往一味地认为各事件的概率总是相等的[1]。例如，将两枚质地均匀的硬币同时抛出，硬币落地时有 4 种基本结果：正$_1$正$_2$、正$_1$反$_2$、反$_1$正$_2$、反$_1$反$_2$。也就是说，掷出"一个正面、一个反面"的概率（$\frac{2}{4}$）大于"两个都是正面"的概率（$\frac{1}{4}$）。然而，许多学生会倾向于认为上述结果（甚至包括"两个都是反面"）的概率是相等的。事实上，"等可能性偏见"已被国外的诸多

[1] Lecoutre M P. Cognitive models and problem spaces in "purely random" situations [J]. Educational Studies in Mathematics, 1992, 23 (6): 557-568.

研究一再证实[1-6]，这足以说明它是学生概率认知中的一个十分典型的错误。例如，对于上述抛硬币的例子，有些学生在访谈中常常脱口而出"它们的可能性都是 50% 对 50% 的"。该研究中有如下关于师生对话的精彩片断[7]（需要指出的是，该实例中"十面的骰子"构造是否高度对称值得商榷，不过这不影响我们从该实例中总结学生的作答表现）：

师：掷一个十面的骰子，它的每个面分别标记 1—10，掷出"4"的机会有多大？

生：有可能掷出。

师：请你说说具体有多大。

生：50 对 50。即使是数字"6"或者"4"或者"3"，都一样。

师：那么，掷出大于数字"6"的机会有多大？

生：有可能掷出。50 对 50。

师：掷出偶数的机会有多大呢？

生：有可能掷出。50 对 50。

塔尔（Tarr J E）在他的研究中进一步区分了学生不当使用"50% vs. 50%"

[1] Fischbein E, Sainati N M & Sciolis M. M. Factors affecting probabilistic judgments in children and adolescents [J]. Educational Studies in Mathematics, 1991, 22 (6): 523−549.

[2] Konold C, Pollatsek A, Well A, Lohmeier J & Lipson A. Inconsistencies in students' reasoning about probability [J]. Journal for Research in Mathematics Education, 1993, 24 (5): 392−414.

[3] Fischbein E & Schnarch D. The evolution with age of probabilistic, intuitively based misconceptions [J]. Journal of Research in Mathematics Education, 1997, 28 (1): 96−105.

[4] Moritz J B & Watson J M. Reasoning and expressing probability in students' judgments of coin tossing [M]. In J Bana & A Chapman (Eds.), Mathematics education beyond 2000: Proceedings of the 23rd annual conference of the Mathematics Education Research Group of Australasia. Perth, WA: MERGA, 2000: 448−455.

[5] Li J & Pereira-Mendoza L. Misconceptions in probability [C]. In B. Phillips (Ed.), Proceedings of the Sixth International Conference on Teaching Statistics. Hawthorn, VIC, Australia: International Statistical Institute, 2002.

[6] Gürbüz R & Birgin O. The effects of computer-assisted teaching on remedying misconception: the case of the subject "probability" [J]. Computers & Education, 2011, 58 (3): 931−941.

[7] Amir G S & Williams J S. Cultural influences on children's probabilistic thinking [J]. Journal of Mathematical Behavior, 1999, 18 (1): 85−107.

的两种典型表现[1]：第一种是指，当随机试验的结果有多种可能，且这些结果是等可能的；第二种是指，当随机试验的结果有多种可能，但这些结果不是等可能的。例如，在上述掷骰子的试验中，掷出"1"或"6"的结果是等可能的，它们的概率均为$\frac{1}{10}$。而有些学生在作答时承认它们是等可能的，但在判断二者的概率大小时却认为"它们的概率均为50%"；掷出"大于数字6"和"不大于数字6"这两种结果显然是不等可能的，而学生依然认为"二者相等"且"概率均为50%"。

我国有关学生"等可能性偏见"的实证研究则相对较少。

李俊首次对我国上海市的六、八及十二年级学生的概率认知进行了实证研究，也首次对我国学生的"等可能性偏见"进行了较全面的考察[2]。她根据访谈资料将学生的"等可能性偏见"具体划分为两种表现形式：第一种认为"随机试验所有结果的概率相等且均为50%"，第二种认为"所有结果的概率相等且均为$\frac{1}{n}$（n是指学生能够列举的所有可能结果个数）"。例如，在面对问题"一个盒子里有2个黑球和2个白球，它们除颜色外均相同。闭上眼睛，摇一摇盒子后，从中摸出2个球。请问：摸出的2个球都是白球的概率有多大"时，持第一种等可能性偏见的学生会认为"这种情况的概率为$\frac{1}{2}$"，而持第二种等可能性偏见的学生则会认为"这种情况的概率为$\frac{1}{3}$，因为总共有3种可能的结果：2个都是黑球、2个都是白球、1个是黑球而另1个是白球"。当然，持有第二种等可能性偏见的学生还可能认为"摸出这种情况的概率是$\frac{1}{4}$，因为总共有4种可能的情况：2个都是黑球、2个都是白球、1个黑球1个白球、1个白球1个黑球"。

高海燕对我国杭州市6—12岁（一至六年级）学生的概率概念理解进行了实证研究[3]，该研究不仅再一次证实了学生概率认知中的"等可能性偏见"，还进一步表明，6—12岁学生的"等可能性偏见"随年级的递增不降反增，高年级学生的"等可能性偏见"十分普遍，"当他们难以对一个事件的概率进行

[1] Tarr J E & Lannin J K. How can teachers build notions of conditional probability and independence? [M]. In Exploring Probability in School. Springer, Boston, M A, 2005: 215–238.

[2] 李俊．中小学概率的教与学 [M]．上海：华东师范大学出版社，2003．

[3] 高海燕．6—12岁儿童对概率概念的理解 [D]．杭州：杭州师范大学，2012．

计算时，这个偏见就冒出来了"。她还指出，第一种等可能性偏见在小学低年级学生中比较常见。例如，对于问题"有两个转盘（转盘甲中黄色区域面积占了总面积的 $\frac{1}{4}$，转盘乙中黄色区域面积占了总面积的 $\frac{1}{3}$），用力旋转两个转盘的指针，如果你想让指针停在黄色区域上，请问：哪个转盘的可能性更大"，有学生认为两个转盘转出黄色区域的可能性一样大，因为"它们都有可能，所以一样大""不管哪一种，它们的几率都是 50%""要么转到黄色区域，要么是其他区域，所以可能性都是 50%"，等等。第二种等可能性偏见在小学高年级学生中比较常见，并且她还认为这与学生学习了分数内容有关。例如，对于问题"同时抛两枚普通的硬币，是'两枚都是正面朝上'的可能性大，'两枚都是反面朝上'的可能性大，还是'一枚正面朝上而另一枚反面朝上'的可能性大"，有学生认为上述三者的可能性一样大，理由是"一共有 3 个结果，每个结果的可能性都是 33.3%""因为每个结果都是占了 $\frac{1}{3}$，所以三者的可能性相等"，等等。

7. 代表性启发

早在 20 世纪，认知心理学的研究就一再证实了学生概率认知中的这种典型错误[1-5]；在近年来，心理学和数学教育领域的研究也对此类错误有诸多报

[1] Kahneman D, Slovic P & Tversky A. Judgment under uncertainty: Heuristics and biases [M]. Cambridge, UK: Cambridge University Press, 1982.

[2] Batanero C, Green D R & Serrano L R. Randomness, its meaning and educational implications [J]. International Journal of Mathematical Education in Science and Technology, 1998, 29 (1): 113–123.

[3] Munisamy S & Doraisamy L. Levels of understanding of probability concept among secondary school pupils [J]. International Journal of Mathematical Education in Science and Technology, 1998, 29 (1): 39–45.

[4] Li J & Pereira-Mendoza L. Misconceptions in probability [C]. In B Phillips (Ed.), Proceedings of the Sixth International Conference on Teaching Statistics, Cape Town, South Africa. Voorburg, The Netherlands: International Statistical Institute, 2002.

[5] Watson J M & Kelly B A. Expectation versus variation: Students' decision making in a sampling environment [J]. Canadian Journal of Science, Mathematics and Technology Education, 2006, 6 (2): 145–166.

道[1, 2]。卡内曼（Kahneman D）与特沃斯基（Tversky A）对它的概念进行了简要的描述："代表性启发（representativeness heuristic）一般是指，人们在概率决策时常常从结果的特征出发，他们常常倾向于认为具有与'母体'（parent population）相似特征的结果更容易发生。"[3] 以古典概率为例，在古典概率模型中，事件发生的概率具有先验性，因而它是可以通过理论推演而被事先计算出来的。仍以上述摸球试验为例，一个盒子里有 2 个黑球和 2 个白球，如果我们问"从盒子里摸出 2 个球，摸出 1 个黑球和 1 个白球与摸出 2 个白球两种情况，哪种可能性更大"，尽管有些学生能够判断出摸出 1 个黑球和 1 个白球的可能性更大，但是从访谈中得知，他们作出上述判断的理由超出了我们的预期——他们并没有通过计算二者的概率大小来作出判断，而是认为"1 个黑球和 1 个白球"这种"混合性的结果"（意味着"2 个白球"是一种"颜色过于单一的结果"）更加具有"一般性"，而"摸出的两个恰好都是白球"则显得十分"极端"或"特殊"[4, 5]。例如，有学生认为"1 黑 1 白比较好搭配，两个都是白的就太难了""我认为不可能那么巧的，1 个黑的搭配 1 个白的正常一些"，等等。

三、以往研究的局限及本研究的考察视角

以往研究大都没有明确提及哪些因素对学生的概率认知或学习造成了影

[1] Chernoff E J. Sample space partitions: An investigative lens [J]. Journal of Mathematical Behavior, 2009, 28 (1): 19–29.

[2] Zapata Cardona L. How do teachers deal with the heuristic of representativeness? [R]. Paper presented at the international congress on mathematics education (ICME 11), Monterrey, Mexico, 2008.

[3] Kahneman D & Tversky A. Subjective probability: A judgment of representativeness [J]. Cognitive Psychology, 1972, 3 (3): 430–454.

[4] Batanero C, Serrano L & Garfield J B. Heuristics and biases in secondary school students' reasoning about probability [C]. In Puig L & Gutihez A (Eds.), Proceedings of the 2nd conference of the International Group for the Psychology of Mathematics Education. Valencia, Spain: University of Valencia, 1996: 51–58.

[5] Sharma S. Cultural Influences in Probabilistic Thinking [J]. Journal of Mathematics Research, 2012, 4 (5): 63–77.

响，但我们可以大体从这些因素归纳出这些研究所具有的观点。例如，皮亚杰式的认知发展阶段研究基本认为"年龄"是影响学生概率概念理解和概率思维发展的因素，当然从更深层面分析，这些因素实质上还折射出学生的辩证思维、因果思维等因素对他们概率学习的影响。又如，菲施拜因等人提出的"直觉论"实际上也可以理解为直觉因素对学生概率认知存在影响，此外他们还提出了教学因素的上述影响。但总体来看，无论是"年龄"还是"教学"，这些因素要么是不可控的，要么不是来自学生主体的。基于以上思考，本部分通过梳理概率教与学研究领域的相关研究，从三个层面厘清了儿童概率认知的影响因素。需要指出的是，第一，以往研究大都没有明确提及"影响"二字；第二，这些研究中涉及的影响因素大都指向对某个概率子概念理解的影响；第三，这些研究对影响因素的考察通常仅局限于某个单一的变量，尚没有从多个层面或视角进行整合性的考察。鉴于此，本研究通过上述梳理，旨在从知识和直觉两个层面全面、系统地考察它们对学生概率概念学习进阶的影响。具体而言，这些因素对学生概率概念影响的权重如何？它们是如何影响学生的概率概念学习进阶的（影响机制如何）？作为本研究的主体内容之一，概率概念学习进阶影响因素的研究将为概率内容的课程目标设置、教材体系编排及教学过程设计等提供有价值的参考依据。

第三章

理论基础

尽管以"学习进阶"为核心词的研究近几年才在国际数学教育领域中逐渐兴起，但这绝不意味着它是一个空降的概念，它与数学教育领域的诸多经典理论在思想上是一脉相承的，且能在诸多已有的理论中找到一些它的影子。当然，它也在某些方面对现有数学教育理论的发展有所推动。在本部分，研究者通过梳理数学教育领域的相关理论，一方面阐述学习进阶思想的理论源头，为后续分析维度的展开提供多面视角；另一方面厘清学习进阶研究与这些经典理论的差异，并据此讨论前者对上述理论的推进和发展，进而对本研究进行明确的定位。

第一节　皮亚杰的认知发展理论

皮亚杰在教育心理学研究中首次提出了认知发展理论[1]，该理论认为"思维的发展一个质变而非量变的过程，而这里的质变指的是人们对事物本质认识的改变和认知结构的丰富"[2]。此外，皮亚杰认知发展理论的另一个基本思想是从"年龄"的角度刻画儿童对于日常事物（如道德认知、情绪认知）及学科概念（如数概念、空间概念）的发展历程。皮亚杰认为，儿童的认知发展一般可以划分为四个基本阶段：感知运动阶段（sensorimotor stage）、前运演阶段

第三章

理论基础

69

[1] 皮亚杰.发生认识论原理 [M].王宪钿，译.北京：商务印书馆，1981：16–32.

[2] DeVries R. Piaget and Vygotsky: Theory and practice in early education [M]. In T L Good (Ed.), 21st century education: A reference handbook. Thousand Oaks: SAGE Publications, Inc, 2008: 184–193.

（pre-operational stage）、具体运演阶段（concrete operational stage）及形式运演阶段（formal operational stage），其思维在年龄增长和经验丰富的过程中逐渐发展。

皮亚杰认知发展理论为心理学界、教育学界有关人的认知（或学习）的研究打开了一个全新的视角，即认为人对事物的认知需要经历一系列发展阶段，而他们在每个阶段的过渡中实现了认知结构的变化[1, 2]。值得指出的是，皮亚杰不仅提出了一般意义上的认知发展理论，他还对儿童关于具体数学概念的认知发展开展了一系列开拓性的研究。早在 20 世纪 50 年代（后经 1975 年翻译成英文版），皮亚杰和英海尔德就曾针对儿童的概率认知进行了全面而系统的诊断实验，并提出了儿童概率认知发展的三个阶段理论[3]。

第二节　维果茨基的最近发展区理论

皮亚杰的认知发展阶段理论从年龄的视角刻画了儿童认知水平的"自然发展"过程，它对教育学的指导意义在于为课程内容的阶段（学段）划分提供了实证依据，使得学生的学习过程更加具有层次性和渐进性。但是，这一理论在很大程度上忽视了学校教学对于学生认知发展的影响。

维果茨基于 20 世纪 30 年代提出了最近发展区理论（Zone of Proximal Development Theory），但这一理论在 60 年代才真正引起教育学者和决策制定者的重视。概而言之，最近发展区理论揭示了学生学习、认知发展与学校教

[1] Ginsburg H P & Opper S. Piaget's theory of intellectual development [M]. Englewood Cliffs, NJ: Prentice Hall, 1988.

[2] Inagaki K. Piagetian and post-Piagetian conceptions of development and their implications for science education in early childhood [J]. Early Childhood Research Quarterly, 1992, 7 (1): 115–133.

[3] Piaget J & Inhelder B. The origin of the idea of chance in young children [M]. New York: Norton, 1975.

学的内在关系，即学生的认知发展并非一个独立、自发的过程，学校教学和学习环境等因素对于学生的学习有重要影响。维果茨基指出，学生的认知活动有两个基本水平：第一个是他们的现有水平，指的是学生在未接受外界干预的情况下对知识的掌握水平；第二个是他们在学校教学的帮助下能够达到的水平，它意味着学生概念理解的潜能。两者之间的差异就是学生概念学习的"最近发展区"，如图 3-1 所示。学校教学作为促进学生概念发展和知识学习的最主要手段，应着眼于学生的最近发展区。

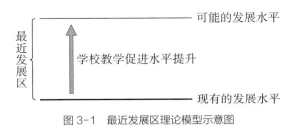

图 3-1　最近发展区理论模型示意图

第三节　比格斯的 SOLO 分类理论

自 20 世纪 80 年代以来，认知发展理论在理论和实践方面均取得了较大突破，并且越来越多地着眼于理论对于课程、教学及评价的现实意义[1]。比格斯（Biggs J B）和科利斯（Collis K F）就曾对皮亚杰等人的早期认知发展理论提出了不同的观点[2, 3]。他们认为，有关儿童认知发展及其结构的考察应

[1] Collis K F. Curriculum and assessment: a basic cognitive model [M]. In G Leder (Ed.), Assessment and learning of mathematics. Hawthorn, Vic.: Australian Council for Educational Research, 1992: 24–45.

[2] Biggs J B. Individual differences in study processes and the quality of learning outcomes [J]. Higher Education, 1979, 8 (4): 381–394.

[3] Biggs J B & Collis K F. Multimodal learning and the quality of intelligent behavior [M]. In H Rowe (Ed.), Intelligence, Reconceptualization and Measurement. New Jersey: Lawrence Erlbaum Assoc, 1991: 57–76.

基于儿童的作答反应来进行。他们根据儿童在数学任务上的作答反应提出了 SOLO 分类法[1]。与以往的认知发展理论类似，该理论也采用一个等级模型（hierarchical model）来刻画学生认知发展的不同水平。具体而言，儿童的认知方式可以划分为感觉运动方式、表象运动方式、具体符号方式、形式方式和超形式方式五个层次。

此外，有研究基于 SOLO 理论将儿童有关概率概念的认知水平划分为如下五个层级：前结构水平（prestructural level，简称 P 水平）、单一结构水平（uni-structural level，简称 U 水平）、多元结构水平（multi-structural level，简称 M 水平）、关联水平（relational level，简称 R 水平）及进一步抽象水平（extended abstract level，简称 E 水平）[2]。上述五个层级模型的示意图如图 3-2 所示。

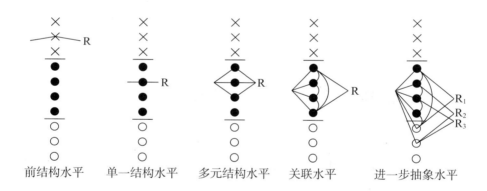

图 3-2　基于 SOLO 模型的概率认知水平划分示意图

具体而言，前结构水平包含空白、无关及不合逻辑的回答。单一结构水平包含"概率它可能发生但又可能不发生""机会不能被预测也不能被量化""机会的大小无法比较"等错误观念；构建样本空间时未能列举所有可能的结果等情形。多元结构水平是指，对于一步试验（甚至是简单的两步试验），他们在概率计算或比较时能够列举所有可能的结果；认为"很可能发生"

[1] Biggs J B & Collis K F. Evaluating the quality of learning: The SOLO taxonomy [M]. New York: Academic Press, 1982: 17–35.

[2] 李俊. 学习概率中认知的发展 [J]. 数学教育学报，2002（4）：1–5.

就等于"应该发生";能够理解用频率解释概率,但无法理解重复试验的意义;在概率比较时使用缺乏逻辑的策略。关联水平是指,在概率比较时能够基于比例、整体—部分等概念作出判断;能够理解在大量重复试验下,试验次数越多,用频率估计概率越可靠;常常会表达出要主动多做几次试验以求得更加可靠的概率估计的想法。进一步抽象水平是指,在某些复杂的问题情境下(例如,从两个口袋里分别摸出 1 个球,同时转动两个转盘)能够根据可靠的方法计算概率;在两步甚至三步试验中能够通过构造样本空间并据此计算概率;能够更深刻地意识到从大量重复试验中收集数据,并根据重复试验中各结果频率的稳定值估计其概率。

第四节　西格勒的重叠波理论

　　当代心理学家西格勒(Siegler R S)近几十年来一直专注于学生问题解决的策略研究,并且早在 20 世纪 90 年代就提出了著名的策略发展重叠波理论(Overlapping Waves Theory)。他认为,儿童的认知除了表现出一般的认知发展阶段以外,还应该具有更大的变异性。这些变异性主要体现在:不同的个体习惯使用不同的策略;同一个体在不同的问题上使用不同的策略;同一个体于不同时期在相同的问题上使用不同的策略[1]。基于以上理论逻辑,他指出,儿童的认知发展是策略的选择、替换和优化的过程。该理论模型如图 3-3 所示[2]。

[1] Siegler R S. Emerging minds: The process of change in children's thinking [M]. New York: Oxford University Press, 1996.

[2] Siegler R S. Microgenetic analyses of learning [M]. In W Damon & R M Lerner (Eds.), Handbook of child psychology: Volume 2: Cognition, perception, and language. Hoboken, NJ: Wiley, 2006: 464-510.

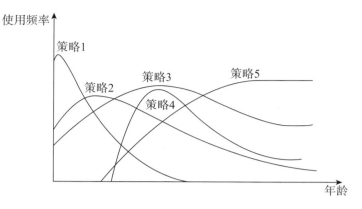

图 3-3　西格勒的重叠波理论示意图

西格勒认为，儿童在其认知发展的不同时期对于某个特定的问题一般都有一定的解决策略，只是这些策略之间存在对与错、优与劣、繁与简的区别。随着年龄的增长和经验的丰富，学生使用各类策略的频率会此消彼长：一些相对简洁的、贴适的策略被更多地运用，而那些繁琐的、朴素的策略则逐渐被淘汰。与此同时，他们问题解决的效率和正确率也逐渐提升，学生的认知发展正是在策略的优化过程中得以实现的。

第五节　波斯纳的概念转变理论

在教育心理学研究中，概念转变研究始于 20 世纪 70 年代。1982 年，波斯纳（Posner M I）等人在以往科学认识理论的基础上提出了概念转变理论（Conceptual Change Theory），对概念转变的条件、过程及其影响因素等作出了解释 [1]。该理论认为，促成学习者概念转变的基本条件有如下四个方面：第一，学习者对于现有概念的不满足，即学习者感到当前的概念不足以解释更多的现象，他们内心有一种改善当前知识的心向。第二，新概念对于学习者

[1] 鲍建生，周超 . 数学学习的心理基础与过程 [M]. 上海：上海教育出版社，2009.

是易于理解的，即当学习者对原有概念进行深化时，必须找到一个具有替代性且易于理解的深度概念，当他们从深层次理解了该概念，概念的转变就发生了。第三，新概念的合理性，即学习者通过深化理解达到对概念理解的新高度之后，这种新概念与学习者已经形成的知识体系不冲突，能够在他的认知结构中相安无事地保留下来。第四，新概念的有效性，即学习者在淘汰旧概念、升级新概念的过程中，能够感受到新概念较原有概念具备更大价值，能够体会新概念在问题解决中的便利和高效。

波斯纳等人还指出，学生的概念转变除了上述心理准备以外，还受到诸多因素的影响，其中对本研究启发最大的是其他领域的知识。数学知识的发展是按照一个逻辑缜密的体系循序渐进地向纵深推进的，知识之间是环环相扣、紧密联系的。换言之，新知识的学习是建立在以往知识之上的，这些知识基础可能是本领域的概念性知识，也可能是其他领域的相关知识。除此之外，新知识的学习和概念的转变还有赖于其学科思维和数学思想的发展，而数学思想的发展往往是以某个其他知识学习为依托的。综上所述，学习者概念的转变从某种程度上说是其相关知识和数学思想累积到一定程度后形成质变的结果。

第六节　上述理论对本研究的启示

尽管"学习进阶"的概念被学界正式提出的时间较晚，但从思想源流上看，它带有以往认知发展或学习过程理论的影子，它刻画的是学生概念学习渐进性、阶段性、层次性的过程。可见，上述有关认知发展或学习过程的经典理论对本研究的展开具有重要的思想启蒙作用。

皮亚杰的认知发展阶段理论蕴含着认知过程的阶段性思想，其考察的基本变量是"年龄"。本研究关涉的研究对象是七—九年级学生，这为研究者考察年级之间的认知水平差异提供了一个新的视角：尽管高年级学生因为学习了更多的知识可能会比低年级学生表现得更好，但"知识上的差异"只是考察年级之间学习表现差异的视角之一，学生的心理发展和思维水平也是造成上述差异的重要变量。事实上，学生的认知水平也并非是按照年级或年龄的递增而严格递增的。例如，学生对某个具体概念的认知水平可能在七、八年级时呈现增长状态并在八年级时达到顶峰，而在九年级时则出现了一定的倒退。尽管皮亚杰认知发展理论是一个概化性的理论，但可喜的是，他还特别考察了学生对概率内容的认知发展状况。概率内容作为数学学科的一个基本内容领域，学生在该内容上的学习进阶势必有其特殊性，数学教育界呼唤针对不同领域内容学习进阶的具体研究。

维果茨基的最近发展区理论更加重视学校教学的作用，并提出了学生认知活动的两个水平。本研究正是在一线学校中开展的，学生是活生生的"学习者"，这并非皮亚杰理论中反复提及的心理学概念下的"儿童"。本研究是在现实的教育场域中进行的，其研究的对象、过程等均具有教育性，研究的目的也在于更好地回馈学习和教学。此外，上述"两个水平"对本研究的启示是：不同年级学生概率内容学习表现的差距呈现了概念发展的最近发展区。例如，七年级学生能够理解 A 层次的概率内容，八年级学生能够理解 B 层次的概率内容，七、八年级之间的层次差异事实上揭示了两个年级学生认知水平的最近发展区。这为本研究真正服务教学提供了一个视角：通过刻画不同年级学生学习进阶水平的差异，勾勒学生概率内容学习进阶的最近发展区，为不同年级概率课程的目标定位提供可靠依据。

西格勒的重叠波理论认为学生在学习过程中各类策略的发展是一个此消彼长的过程，学生的概念发展正是在上述优胜劣汰的过程中得以进行。这在思想上是对上述皮亚杰和维果茨基理论的补充，也为本研究的开展提供了有益启示：刻画学生概率内容的学习进阶时，不要一味地认为学生理解水平的发展是一个严格的线性过程，还应充分考虑到他们学习进阶过程中策略发展的复杂过程及影响因素。

比格斯等人的 SOLO 分类理论则淡化了"年龄"或"年级"的概念，把认知水平的划分依据归结到学生的具体作答表现上。当然，SOLO 分类理论是一般性的理论，概率内容认知水平的划分需要结合其特定内容具体分析。这些理论对本研究的启示是：除了考察不同年级学生概率内容学习进阶水平的差异以外，还应该结合概率内容深入分析学生理解的具体水平，并描述每个水平的具体作答表现。

综上所述，当前有关学生认知发展的经典理论对本研究的启示不仅体现在思想和理念的启蒙方面，也体现在方法和视角的指导方面。其一，皮亚杰学派针对具体的数学概念随年龄的认知发展研究把"年龄"或"心理成熟"作为重要的变量，而在教育学范畴中，我们惯常用"学习"这一词汇代替心理学范畴中通常使用的"认知"。类似地，学生数学概念学习随"年级"和"学段"的进阶则为学习进阶研究提供了一个不可或缺的考察维度。其二，SOLO 理论强调了概念发展的层次性，即对于某个特定的概念，学生的认知不是一蹴而就的。类似地，学生数学概念学习的"层次性"进阶则为学习进阶研究提供了另一个不可或缺的考察维度。其三，学生概念发展的层次性也并非全然是严格线性递增的。西格勒的重叠波理论则为研究者在试图探索"层次性规律"时提供了另一个视角：概率概念本身即包含了若干个子概念，学生对这些子概念的进阶或许存在一定的不同步性。换言之，研究者不可一味地追求"层次性"，还应该从更微观的视角探查学生对概率的不同子概念的进阶图景——若从这个视角进一步考察，学生对具体子概念的学习进阶或许呈现出一种"渐进性"规律。其四，波斯纳的概念转变理论指出，其他领域知识的发展是影响学生对某概念认识转变的重要变量，学生概念的转变从某种程度上说是其相关知识累积到一定程度后形成质变的结果。概率知识体系的发展一方面有其自身的逻辑规则，另一方面也受到其他领域内容的影响。这对本研究的启示是，考察学生概率内容的学习进阶不能仅仅停留在现状刻画的层面，还应着力于寻求其他领域知识对上述进阶过程的影响。

第四章

研究设计

第一节 研究的定位和边界

一、关于研究目标的重申：探寻学生端的进阶规律

数学教育研究中关于"学生学习表现"的研究大都是基于标准化测试而开展的，这意味着其题目命制是立足于当前课程标准和数学教材的范围之内的。换言之，这些研究考察的内容基本都在当前的课程要求之内，其目的在于"测评"学生数学学业状况的达标程度或对某领域内容的掌握程度。例如，我国近年来开展的"学生数学学业状况调查"研究 [1, 2] 就属于此类。

除了"测评"类研究，数学教育心理学研究领域还有一类根植于认知发展研究理论的研究范式，其考察的目标在于学生对某具体数学概念的认知发展状况。例如，皮亚杰等人以概率、几何等数学内容为载体的系列认知发展研究 [3] 就属于此类。以皮亚杰等人所开展的"儿童概率认知发展阶段研究"为例，尽管概率内容对成人而言尚不熟悉，但低龄儿童仍被纳入该研究的被试群体之中。又如，20 世纪 80 年代张增杰等开展的"5—15 岁儿童概率概念掌握状况"的研究也把低龄儿童作为主要考察对象 [4]。认知发展研究与上述"测评"研究的一个重要区别在于：前者考察的内容不是严格以课程标准或数学

[1] 綦春霞，张新颜，王瑞霖 . 八年级学生数学学业水平的现状及其影响因素研究 [J]. 教育学报，2015，11（2）：87-92.

[2] 刘坚，张丹，綦春霞，等 . 大陆地区义务教育数学学业状况及影响因素研究 [J]. 全球教育展望，2014，43（12）：44-57.

[3] Piaget J & Inhelder B. The origin of the idea of chance in children [M]. New York: Norton, 1975.

[4] 张增杰，刘范，赵淑文，等 . 5—15 岁儿童掌握概率概念的实验研究——儿童认知发展研究（II）[J]. 心理科学通讯，1985（6）：3-8+66.

教材为立足点的，课程标准或数学教材未曾涉及的内容常常也在其考察的范畴。换言之，认知发展研究不仅着眼于学生对某"正式概念"（即学校课程中的数学概念）的掌握情况，还关注学生接触上述"正式概念"之前对该概念理解的潜能及局限。

近年来，认知发展研究在任务设计方面有了新的发展：考虑到低龄儿童对高阶概念的理解常常受语言、文字等外部因素的干扰而得不到有效诊断，有研究者开始探索一类"基于直观化设计的认知状况诊断研究"。这类研究较上述"认知发展研究"的突破在于：在任务设计时通常借助于图片、动画、计算机模拟等手段，使问题情境尽可能直观、生动，为受测群体减轻文字阅读、语言理解等方面的负担。此外，这类研究通常也不过分追究受测群体对"正式概念"的掌握或表述，而是考察其对该概念核心本质的认识，即在直观教学、教具、图示等情境下学生对某概念的理解程度[1]。

综合以上分析，本研究的目标定位基本属于第三类研究的范畴：概率内容在中小学的课程设置中并非占有太大分量，但这并不意味着对学生学习进阶的考察不能超过现有的课程要求范围，如果研究者对高阶概率内容进行直观化的设计，学生亦具备理解它的潜能。当然，这些高阶概念是我们认为有考察意义的、不过于复杂的概念。对此，研究者也通过邮件形式咨询了数学标准研制组组长史宁中教授，史教授指出"这类研究不仅可以，而且十分必要"。在 2016 年于德国汉堡召开的 ICME-13 会议上，研究者也就该问题咨询了概率认知研究领域的博罗夫尼克教授，他认为，研究者当前的研究"完全可以将更复杂的概率内容纳入进来"。

事实上，在设定进阶目标和中间环节的时候不可过于理想化，也不可过于依赖现有的课程和教材，否则学习进阶研究就失去了它的本源目的而离学生的认知越来越远[2]。一言以蔽之，本研究通过直观化的任务设计，将少量超出课程标准范畴的概率内容也纳入考察的范围之中，其目的一方面在于将其

[1] 何声清. 六年级学生对高阶概率内容的认知：潜能与局限 [J]. 数学教育学报，2018，27（3）：57−61.

[2] Duschl R, Maeng S & Sezen A. Learning progressions and teaching sequences: A review and analysis [J]. Studies in Science Education, 2011, 47 (2): 123−182.

纳入学生概率内容学习进阶的整体链条之中，另一方面在于诊断学生对这类概念学习进阶的潜能及局限，为后续正式学习该概念时课程目标的定位、教材编写的策略等提供参考依据。

二、关于研究起点的说明：初中生可以从哪里开始进阶

学生在小学已初步学习了概率知识，这意味着他们走进初中校园时已具备了一定的概率概念。那么，初中生概率内容学习进阶的可能起点是什么？只有厘清了这个问题，才能在此基础之上更好地探寻初中生关于概率内容的进阶规律。为此，研究者从已有的实证研究出发寻找证据。

第一，初中生对于"可能""一定"等术语的理解已然达到较高水平[1]，能够较好地用上述术语讨论概率问题[2]。事实上，当前国际范围的数学教材大都在小学阶段介绍了这部分知识。第二，在"摸出 1 个球"这类问题情境中，初中生的作答通常良好；在"摸出 2 个球"的问题情境中，他们也具备学习概率知识的潜能，但是其组合知识的缺乏会影响其构建精确的样本空间[3]。皮亚杰和英海尔德的研究已经表明，在概率认知发展的第三阶段（即初中阶段），学生基本具备了组合推理的能力，具有解决"摸出 2 个球"情境下概率问题的潜能[4]。李俊的研究也证实：12 岁儿童的概率认知具备了到达 E 水平的可能，即"在某些复杂的问题情境下（如'从两个口袋里分别摸出 1 个球''同时转动两个转盘'）能够根据可靠的方法计算概率；在两步甚至三步试验中能够通过构造样本空间来计算概率；能够更深刻地意识到从大量重复试验中收集数据，并根据重复试验中各结果频率的稳定值估计其概率"[5]。沃森等人的研究表明，13 岁之前儿童的概率思维自高至低先后经历了特质水平（idiosyncratic）、不确定水平（uncertainty）、等可能性偏见水平（single

[1] 李俊. 中小学概率的教与学 [M]. 上海：华东师范大学出版社，2003.

[2] 张增杰，刘中华，邱曼君. 5—11 岁儿童概率概念认知结构的萌芽及其发展 [J]. 西南师范学院学报（自然科学版），1983（2）：29–43.

[3] 何声清，巩子坤. 11—14 岁学生关于可能性比较的认知发展研究 [J]. 数学教育学报，2013，22（5）：57–61.

[4] Piaget J & Inhelder B. The origin of the idea of chance in children [M]. New York: Norton, 1975.

[5] 李俊. 学习概率中认知的发展 [J]. 数学教育学报，2002（4）：1–5.

die equiprobability）、直觉的比例水平（intuitive proportions）、部分系统水平（partial systematic）五个发展水平，并且具备向更高水平——完全系统水平（complete systematic）发展的趋势，完全系统水平是指他们不仅能够判断"摸出两个球"情境下某结果的概率大小，还能够精确地说明样本空间，如"我认为××结果的概率大，因为它有××种搭配"（明确了组合的个数）。第三，初中生之所以在"摸出2个球"问题情境中学习概率知识的潜能和局限并存，是因为他们在概率比较时掌握了一套朴素的策略[1]。鉴于上述分析，对于古典概率内容的测查，本研究结合初中生认知发展的实际和已有研究的结论，探查学生在"摸出2个球"问题情境下的学习进阶规律。除此之外，还结合已有研究的结论，针对性地设计匹配的问卷，测查学生概率学习进阶的影响因素。

三、关于影响因素的考察：着眼于关键变量

"影响因素"是一个宏大的概念，其牵涉的范围通常也十分广泛。对于更具体、更微观的研究而言，研究者势必要在众多的变量中厘清最核心、最关键的若干因素。研究2考察的是概率内容学习进阶的影响因素，这需要研究者在梳理已有研究的基础上进行提炼和归纳。尽管大多数已有文献没有明确提及"影响因素"这一关键词，但这些研究都从正面或侧面揭示了某因素对学生学习、理解或认知概率概念的影响。在梳理和贯通上述研究的基础上，研究者概括"组合知识"和"直觉性因素"两个维度的影响因素，并将其作为影响学生概率内容学习进阶的关键变量，最后编制出相应的测查问卷。

[1] 何声清，巩子坤. 7—9 年级学生概率比较的策略及其发展 [J]. 数学教育学报，2017，26（2）：41-45.

一、概率概念的解构及假设学习进阶

在第二章中，研究者通过对国际中小学数学课程标准的梳理，并结合我国现行课程标准、数学教材对于概率内容的设置，厘清了古典概率所涉及的核心概念，从而实现了概念的解构，为明晰测试框架及工具开发提供理论支撑。

从知识逻辑出发，提出如下的假设学习进阶（hypothetical learning progressions）："可能""一定"等术语→样本空间→概率计算→概率比较。

二、学习进阶的研究范式及测查框架

1. 学习进阶的研究范式

本研究对于学习进阶的考察从范式上而言是"逐级进展方法"和"全景图法"的综合。

更具体地说，本研究借鉴加州大学伯克利分校研究团队提出的"四基石模型"（其示意图详见图 2-3）[1]，研究者将概率内容学习进阶的过程抽象为如图 4-1 所示的结构图。第一步，通过研读课程标准、数学教材及研究文献，对古典概率的概念进行解构；第二步，根据概率概念的解构，基于知识逻辑及课程要求等预设知识序列（即"假设的学习进阶"）；第三步，根据上述假设的学习进阶，编制匹配的测试项目加以考察；第四步，借助项目反应理论及拉什模型对学生作答进行分析，将测试项目的难度值与学生能力值置于同一把量尺上；第五步，根据拉什模型的分析结果刻画学生概率内容的学习进阶；第六步，借助学生实然的学习进阶规律对"假设的学习进阶"进行证实或证伪，并据此为课程标准及数学教材的修订提供建议。

[1] Wilson M R. Measuring progressions: Assessment structures underlying a learning progression [J]. Journal of Research in Science Teaching, 2009, 46 (6): 716–730.

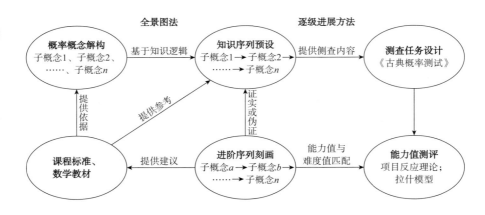

图 4-1　本研究采用的学习进阶研究范式及研究过程示意图

2. 学习进阶的测查框架

当对概率内容进行概念解构之后，接下来的一个问题是：如何刻画学生的学习进阶？为此，需要厘清学习进阶的测查框架。综合分析已有文献，学习进阶的考察维度有 [1-3]：

其一，进阶序列。从上述内涵界定来看，学习进阶的考察一般都会选取学科教育领域某个核心概念为载体，该核心概念通常整合了一系列紧密连贯的子概念，这些子概念一般有其内在的连贯性和逻辑性，而学习进阶的考察目标之一就是探索学生是如何发展这些子概念序列的。

其二，进阶幅度。从上述内涵界定来看，学习进阶的考察都是建立在一段时间之上的，时间跨度可以是几个月，也可以是几年。学生对于概念的学习是一个累积的结果，在不同时间段对于概念的进阶幅度可以存在差异。

其三，水平刻画。学习进阶描述的是学生在学习上逐步推进和累积的过程，它涉及学习起点、学习终点及中间阶段三个部分，在这其中学生的能力水

---

[1] National Research Council. Tanking science to school: Learning and teaching science in grade K-8 [M]. Washington D. C.: The National Academy Press, 2006.

[2] Corcoran T, Mosher F A & Rogat A. Learning progressions in science: An evidence-based approach to reform [R]. Philadephia, PA: The Consortium for Policy Research in Education, 2009.

[3] National Research Council. A framework for K-12 science education: Practice, crosscutting concept, and core ideas [M]. Washington D. C.: The National Academy Press, 2012.

平不断变化（详见图 2-1）[1]。

基于上述理论分析，研究者构建了学习进阶的三维测查框架，详见图4-2。

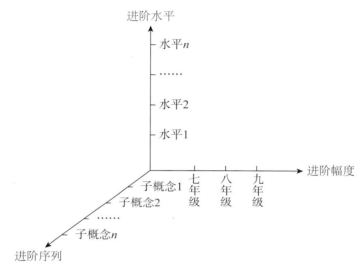

图 4-2　本研究采用的学习进阶三维测查框架

1. 影响因素的理论预设及测查框架

如前所述，基于对本领域文献的梳理，结合本研究的任务设计，研究者厘清了影响学生概率内容学习进阶的可能因素。

具体而言，概率内容学习进阶影响因素问卷从组合知识和直觉性因素两个大维度进行考察。关于直觉性因素，研究者基于文献梳理和测试任务的特征，预设了七个核心要素。它们分别是"对随机性的直觉"（简称"随机性直觉"）、"对两次试验之间独立性的直觉"（简称"独立性直觉"）、"对概率可度量性的直觉"（简称"可度量性直觉"）、"对大数定律、用频率估计概率（即大量重复试验结果的规律性）的直觉"（简称"规律性直觉"）、"等可能性偏见""对理论概率客观性的直觉"（简称"客观性直觉"）、"代表性启发"。其中，"随机性直觉""独立性直觉""可度量性直觉""规律性直觉"及"客观性直觉"是预设的积极因素，"等可能性偏见"和"代表性启发"是预设的消极因素。

[1] 皇甫倩，常珊珊，王后雄 . 美国学习进阶的研究进展及启示 [J]. 外国中小学教育，2015（8）：53-59+52.

上述因素并非全然纳入古典概率学习进阶影响因素的模型中，在后文的相关分析、回归分析、模型假设、模型建构、模型优化等过程中，上述因素对古典概率内容学习进阶的具体机制将被逐步厘清。

2. 影响因素及其作用机制的探索过程

在影响因素及其机制的探索方面，本章循序渐进地做了如下分析工作。首先是相关分析，目的是初步厘清与概率学习表现显著相关的因素；其次是回归分析，目的是进一步考察上述因素对学生概率学习表现的贡献权重；最后是路径分析，目的是刻画上述因素影响学生概率学习的具体机制。上述三方面的工作是紧密关联、环环相扣的：相关分析是对潜在影响因素与学生概率内容学习表现之间关系的初步确认，以排除相关性不显著的变量；回归分析为后续路径分析的理论假设提供支撑；路径分析则基于前期分析进行理论假设、模型验证及模型优化等，最终形成学生概率内容学习进阶的影响因素路径分析模型。上述三部分工作的具体关系如图4-3所示。

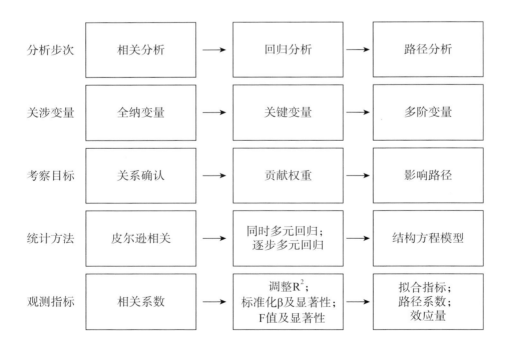

图4-3　概率内容学习进阶的影响因素及其作用机制分析过程示意图

第三节　研究对象

一、预研究环节的被试

在正式测试之前，研究者对测试材料进行了小范围的预测试及访谈，据此对测试材料作完善和优化。具体而言，研究者在研究初期就测试材料先后进行了两次预测试和访谈：第一次预测试于 2017 年 9 月中旬进行，北京市某中学的 12 名八年级学生参与了前期测试和访谈；第二次预测试于 2017 年 9 月下旬进行，上海市某中学的 64 名七年级学生参与了前期测试和访谈。预测试的主要目的是评估测试工具的表达清晰度、情境熟悉度、任务难度等，并征询一线教师的建议，对题量、任务设计的层次性等进行改进。

二、主体研究环节的被试

从山东省青岛市选取了办学水平处于优秀、良好及一般的三类学校作为测试基地。因采取多轮测试，部分被试仅参加了研究 1 的调查而未参加研究 2 的调查，因此研究 2 的被试是研究 1 的子集。在研究 1 中，被试共计 1306 名，七、八、九年级被试分别为 538 名、426 名、339 名（另有 3 名被试的年级信息缺失），男、女生被试分别为 669 名、618 名（另有 19 名被试的性别信息缺失）。在研究 2 中，被试共计 982 名，七、八、九年级被试分别为 382 名、313 名、287 名，男、女生被试分别为 503 名、479 名。鉴于研究条件所限，本研究的样本选择属于横向数据模式。被试基本信息详见表 4-1。

表 4-1　被试基本信息

群体	类别	研究 1			研究 2		
		七年级	八年级	九年级	七年级	八年级	九年级
学校办学水平	优秀	186	160	136	164	142	118
	良好	160	111	114	144	100	99
	一般	192	155	89	74	71	70
性别	男生	297	215	156	213	156	134
	女生	231	204	181	169	157	153
合计		538	426	339	382	313	287

注：在研究 1 中，有 3 名被试的年级信息缺失，有 19 名被试的性别信息缺失。

第四节　研究材料

在不同的阶段，本研究相继采用了多套研究材料。具体而言，在开展学习进阶及其影响因素研究时，研究材料主要包括两个模块——概率测试和影响因素问卷。

关于概率测试。概率测试聚焦学生对古典概率内容的学习进阶，因此该部分的测查数据主要用于研究 1（即第五章）的分析。

关于影响因素问卷。基于对本领域文献的梳理，结合本研究的任务设计，研究者厘清了影响学生概率内容学习进阶的可能因素，从组合知识和直觉性因素两大维度进行考察。

一、古典概率测试

1. 测试题目的结构

在中小学的数学教材中，摸球模型是古典概率内容中的一个典型模型。摸球模型在考察学生概率理解水平方面有两个优点：其一是摸球游戏对学生而言比较直观和熟悉，其二是摸球模型比日常生活中诸如下雨、阴天等概率模型更加规范。

摸球模型的问题情境一般是"在一个不透明的盒子里，有 × 个黑球、× 个白球、× 个绿球，它们除颜色外均相同。现闭上眼睛，从盒子里同时摸出 2 个球"。有研究表明，就高年级学生而言，他们对上述问题情境中"摸出 1 个球"的问题大都表现良好——不仅能够意识到摸球结果的随机性，还能正确地判断不同结果概率的大小[1]。鉴于此，本研究《古典概率测试》的问题情境都是要求"同时摸出 2 个球"的。

本部分测试共设计了五个"摸球"问题。借鉴以往研究的经验[2]，研究者通过控制球的颜色种类、球的总个数等变量对题目进行层次性的递进设置，并在每个题目中均设计了三个概率任务。概括而言，本部分测试共包含五道题目（Question，简称 Q），每道题目的三个子问题即为三个不同的概率任务（Task，简称 T）。其中，T1 考察学生对样本空间的认知，它要求学生列举"摸球"游戏的所有可能结果；T2 考察学生对不同结果概率大小的定性比较；T3 考察学生的概率计算。本部分测试的结构如表 4-2 所示，测试卷详见附录 3。

表 4-2　古典概率测试题目的整体结构

问题情境	配图	概率任务
（Q1）不透明的盒子里有 1 个黑球和 2 个白球，它们除颜色外均相同。摇一摇，闭上眼睛从盒子里同时摸出 2 个球。		（T1：样本空间）一共有几种可能的摸法？请列出这几种摸法。（选项略） （T2：概率比较）摸出的这 2 个球，是"2 个白球"的可能性大，"1 个黑球和 1 个白球"的可能性大，还是一样大？（选项略） （T3：概率计算）摸出"1 个黑球和 1 个白球"的可能性有多大？（选项略）

[1] 何声清，巩子坤 . 11—14 岁学生关于可能性比较的认知发展研究 [J]. 数学教育学报，2013，22（5）：57-61.

[2] 何声清，巩子坤 . 7—9 年级学生概率比较的策略及其发展 [J]. 数学教育学报，2017，26（2）：41-45.

（续表）

问题情境	配图	概率任务
（Q2）不透明的盒子里有 2 个黑球和 2 个白球……		
（Q3）不透明的盒子里有 1 个黑球、1 个绿球和 2 个白球……		
（Q4）不透明的盒子里有 2 个黑球和 3 个白球……		
（Q5）不透明的盒子里有 2 个黑球、2 个白球和 1 个绿球……		

2. 测试题目的设计思路

在《古典概率测试》的问题设计中，研究者在确保各个测试问题的形式及结构一致的情况下，充分考虑系列问题的递进逻辑。

第一，由于所有的五道题目均要求"摸出 2 个球"，且所有球均放置在同一个盒子里，因此盒子的个数、摸出球的个数这两个变量在各题目中是一致的。因此，上述两个变量不是造成该测试中问题情境复杂度的关键变量。

第二，五道题目中关涉的球的个数是逐步增多的，其中，Q1 中涉及的球的总个数是 3，Q2 和 Q3 中涉及的球的总个数是 4，Q4 和 Q5 中涉及的球的总个数是 5。球的总个数越多，样本点的个数就越多，这势必对问题的解答带来相应的思考负担。因此，球的总个数是造成该测试问题情境复杂度的一个变量。

第三，五道题目中关涉的球的颜色种类是逐步增多的，其中 Q1、Q2 和 Q4 中涉及的球的颜色种类是 2，Q3 和 Q5 中涉及的球的颜色种类是 3。球的颜色种类越多，在球的总个数相等的情况下，样本点的个数并没有增多，但所有可能的结果发生了变化。以 Q2 和 Q3 为例，两道题目中球的总个数均为 4，两道题目涉及的样本点均是 6 个，但 Q3 中球的颜色种类比 Q2 的多 1。尽管研究者在开展研究之前尚不能断定 Q3 较 Q2 究竟是增加了难度，还是降低了难度，但至少球的颜色种类也应是设计测试题目时应考量的一个变量。事实上，上述两道题目的难度值或许存在差异，甚至是很大的差异，而两道题目难度值的差异实则反映了其对学生能力值要求的差异，也反映了学生在上述两道题目中进阶次序的差异。

第四，如前所述，在"摸出 2 个球"这个基本要求不变的情况下，球的总个数直接影响到样本点个数，而样本点越多，学生的作答负担可能就越大，因此样本点个数也是影响问题情境复杂度的一个变量。

第五，由于所有的题目均要求"同时摸出 2 个球"，因此学生在作答时需要对球进行两两组合。例如，T1 要求学生列举"所有可能的结果"，即考察学生对样本空间的理解，这需要学生通过组合的方式不重不漏地列举摸出球所有可能的搭配。以人教版教材为例，学生到了九年级才正式学习列举求法求概率，也是在该阶段才正式接触列表法、树状图法等组合方法。本研究在七年级的测试中也涉及样本空间任务，其原因是：首先，我国小学数学教材早在二年级就已渗透了相关的组合知识（如衣服搭配、零钱搭配等）[1]；其次，正如研究者在"研究设计"部分已经提及的：本研究的定位并非"概率内容学习表现测评"（即评价学生数学学业状况的达标程度）而是"概率内容学习进阶"（即探索学生概率概念发展的一般规律）。综上所述，目标组合的个数理应成为该测试中问题情境复杂度的一个重要变量。所谓"目标组合"，是指题设中"2 个白球"及"1 个黑球和 1 个白球"这两种情况所涉及的组合，由于学生在比较"2 个白球"与"1 个黑球和 1 个白球"的概率大小时（即测试中的 T2），需要明晰这两种情况的所有可能组合，因此"目标组合的个数"是影响题目难度的一个重要变量。具体而言，Q1 中"2 个白球"的组合数为 1 种，"1 个黑球和 1 个白球"的组合数为 2 种；Q2 中"2 个白球"的组合数为 1 种，"1 个黑球和 1 个白球"的组合数为 4 种；Q3 中"2 个白球"的组合数为 1 种，"1 个黑

[1] 课程教材研究所，小学数学课程教材研究开发中心．义务教育教科书·数学（二年级上册）[M]．北京：人民教育出版社，2010．

和 1 个白球"的组合数为 2 种；Q4 中"2 个白球"的组合数为 3 种，"1 个黑球和 1 个白球"的组合数为 6 种；Q5 中"2 个白球"的组合数为 1 种，"1 个黑球和 1 个白球"的组合数为 4 种。

第六，考虑到部分题目中目标组合的个数是一致的，研究者认为这些题目在"目标组合复杂度"上是持平的。例如，Q1 和 Q3 中"2 个白球"的组合数均为 1 种，"1 个黑球和 1 个白球"的组合数均为 2 种；Q2 和 Q5 中"2 个白球"的组合数均为 1 种，"1 个黑球和 1 个白球"的组合数为 4 种。换言之，对于 Q2 和 Q5 而言，若不考虑球的总个数和球的颜色种类，其关涉目标（即"2 个白球"与"1 个黑球和 1 个白球"）的组合个数是一致的。从关涉目标的组合复杂度而言，Q2 和 Q5 是处于同等水平的。鉴于上述分析，研究者将 Q1—Q5 的目标组合复杂度划分为三个等级：Q1 和 Q3 的目标组合复杂度为"简单"，Q2 和 Q5 的目标组合复杂度为"中等"，Q4 的目标组合复杂度为"复杂"。

第七，除了目标组合复杂度，学生在回答 T1 和 T3 时都需要明晰球的所有可能的组合情况。例如，学生在回答"（摸出的这 2 个球）一共有几种可能的情况"（即 T1）时，我们期望他们能够不重不漏地列举所有可能的组合，即所有样本点；又如，学生在回答"摸出'1 个黑球和 1 个白球'的可能性有多大"（即 T3）时，我们期望他们既能够不重不漏地列举"1 个黑球和 1 个白球"所涉及的全部组合（即"目标组合"），还能够不重不漏地列举所有可能的组合。在古典概率的计算公式中，前者是"分子"，后者是"分母"。可见，除了目标组合复杂度，总体组合复杂度也是造成题目难度差异的重要变量。更具体地，Q1 中的样本点个数（总体组合个数）是 3，Q2 和 Q3 中的样本点个数（总体组合个数）是 6，Q4 和 Q5 中的样本点个数（总体组合个数）是 10。鉴于上述分析，研究者将 Q1—Q5 的总体组合复杂度划分为三个等级：Q1 的总体组合复杂度为"简单"，Q2 和 Q3 的总体组合复杂度为"中等"，Q4 和 Q5 的总体组合复杂度为"复杂"。

第八，除了目标组合复杂度和总体组合复杂度，对学生构造样本空间造成干扰的另一个变量是"重复"样本。以 Q2 为例，摸出球的所有可能结果为"白₁白₂，黑₁黑₂，黑₁白₁，黑₁白₂，黑₂白₁，黑₂白₂"。事实上，对学生而言，将"1 个黑球和 1 个白球"区分为"黑$_1$白$_1$，黑$_1$白$_2$，黑$_2$白$_1$，黑$_2$白$_2$"并非易事。以往的研究表明，学生大都认为所有可能的结果为"2 个白球，2 个黑球，1 黑 1 白"，并把这种错误称为"模糊的样本空间"[1]。换言之，如果未对两个黑球、两个白球分别进行标记，学生难于意识到上述 4 种组合均是样本点。也即是说，这 4 种组合"看起来"是"重复"的样本——"因为外观上是一样的，都是 1 个黑球和 1 个白球"。可见，造成学生上述"模糊的样本空间"的主要原因有二：其一是学生缺乏必要的组合知识和策略，其二是学生在面临重复样本时遇到困难。鉴于以上考虑，研究者认为重复样本复杂度也是对学生构造样本空间造成干扰的重要变量。从重复样本复杂度的角度来说，Q1 和 Q3 涉及的重复样本个数一致，Q2 和 Q5 涉及的重复样本个数一致，Q4 涉及的重复样本个数最多。

Q1—Q5 的递进逻辑及设计思路详见表 4-3。

表 4-3　《古典概率测试》各题目的递进逻辑及设计思路

序号	插图	球的总个数	球的颜色种类	样本点个数	目标组合的个数		目标组合复杂度	总体组合复杂度	重复样本复杂度
					2 白	1 黑 1 白			
Q1		3	2	3	1	2	简单	简单	简单
Q2		4	2	6	1	4	中等	中等	中等
Q3		4	3	6	1	2	简单	中等	简单
Q4		5	2	10	3	6	复杂	复杂	复杂

[1] 何声清，巩子坤 . 7—9 年级学生概率比较的策略及其发展 [J]. 数学教育学报，2017，26（2）：41-45.

（续表）

序号	插图	球的总个数	球的颜色种类	样本点个数	目标组合的个数		目标组合复杂度	总体组合复杂度	重复样本复杂度
					2白	1黑1白			
Q5		5	3	10	1	4	中等	复杂	中等

二、影响因素问卷

1. 组合知识问卷

如前所述，"组合知识"在研究者的预设中主要被作为古典概率学习进阶的影响因素。在第二章已经提及：学生在复合试验的情境中常常遇到困难，而造成上述困难的原因通常是他们缺乏必要的组合知识[1, 2]。例如，对于问题"盒子里有 2 个黑球和 2 个白球。从中摸出 2 个，一共有几种可能的摸法"，许多学生的作答是"3 种"，即"1 个黑球和 1 个白球、2 个白球、2 个黑球"。我们或许会为其找到辩解的理由：他们并非全然不知道所有可能的情况，只是他们人为地将"1 个黑球和 1 个白球"所包含的 4 种情况合并了，因而从他们的作答中并非能够考察其是否具备必要的组合知识。而事实是，在给出上述作答的学生中，有不少被试据此断定"因为一共有 3 种可能的情况，所以'1 个黑球和 1 个白球'与'2 个白球'的概率相等，它们均为 $\frac{1}{3}$"。除了上述的典型作答，学生组合知识匮乏还体现在缺乏可靠的组合策略，以致于他们常常列举出冗余的（例如，认为上述问题中所有可能的结果是"黑₁白₁、黑₁白₂、黑₂白₁、黑₂白₂、黑₁黑₂、白₁白₂、白₁黑₁、白₂黑₁……"）或者局部的（例如，认为上述问题中所有可能的结果是"黑₁白₁、黑₁白₂、黑₁黑₂、白₁白₂"）组合结果，而这也直接导致其对样本空间的构造

[1] Batanero C, Navarro P V & Godino J D. Effect of the implicit combinatorial model on combinatorial reasoning in secondary school pupils [J]. Educational Studies in Mathematics, 1997, 32 (2): 181–199.

[2] Fischbein E & Grossman A. Schemata and intuitions in combinatorial reasoning [J]. Educational Studies in Mathematics, 1997, 34 (1): 27–47.

出现错误。综上所述，组合知识及其策略的匮乏是导致学生无法构建正确样本空间的一个重要原因。那么，学生为何对上述问题中涉及的可能结果进行组合时遇到困难呢？有研究认为这是由"重复"样本造成的[1]。仍以上述摸球试验为例，把"摸出2个球"的所有可能结果叫做样本点，则该试验的样本点为"黑$_1$白$_1$、黑$_1$白$_2$、黑$_2$白$_1$、黑$_2$白$_2$、黑$_1$黑$_2$、白$_1$白$_2$"。换言之，这6个样本点的概率是等可能的，即"黑$_1$白$_1$"与"黑$_1$白$_2$"的概率都是$\frac{1}{6}$——这需要学生对两者进行区分。因此，为了确保组合结果的不重不漏，人们的做法常常是将球进行标记以示区分。若我们事先将球进行标记以示区分，学生或许能够正确地列举所有的6种可能结果。基于上述考量，研究者设计了《组合知识问卷》。

该问卷仍以"摸球"模型为载体，在任务设计上与前文的古典概率测试保持完全一致：以题目1（Q1）为例，该题为"不透明的盒子里有1个黑球和2个白球，它们除颜色外均相同。我们对相同颜色的球进行了标记。摇一摇，闭上眼睛从盒子里摸出2个球。请问：摸出的这2个球，一共有几种可能的摸法？请列出这些可能的摸法"（插图略）。可见，《组合知识问卷》的Q1与《古典概率测试》的Q1中涉及的球的总个数、球的颜色种类及盒子的个数是完全一致的，它们唯一的区别在于：《组合知识问卷》中的球被作了标记，而《古典概率测试》中的球未被作标记。这样设计是为了使两套问卷在结构上保持高度一致，使得两套测试涉及的样本空间复杂度保持在一致的水平，由此便于更加直接地对比学生在两套测试中的表现，也使得本部分影响因素的考察更具说服力。

需要提及的是，该部分测试是在《古典概率测试》完成几天之后进行的，这样做是因为《组合知识问卷》理应出现在《古典概率测试》之后，反之则使得前者对后者造成强烈的提示。

本部分测试的结构如表4-4所示，测试卷详见附录4。

[1] 何声清，巩子坤 . 11—14岁学生关于可能性比较的认知发展研究 [J]. 数学教育学报，2013，22（5）：57-61.

表 4-4　《组合知识问卷》的整体结构

问题情境	配图	概率任务
（Q1）不透明的盒子里有 1 个黑球和 2 个白球，它们除颜色外均相同。我们对相同颜色的球进行了标记。摇一摇，闭上眼睛从盒子里摸出 2 个球。		（T）摸出的这 2 个球，一共有几种可能的搭配？请列出这几种可能的搭配。
（Q2）不透明的盒子里有 2 个黑球和 2 个白球……		
（Q3）不透明的盒子里有 1 个黑球、1 个绿球和 2 个白球……		
（Q4）不透明的盒子里有 2 个黑球和 3 个白球……		
（Q5）不透明的盒子里有 2 个黑球、2 个白球和 1 个绿球……		

2. 直觉性因素问卷

如前所述，根据文献梳理，研究者在本部分预设了七个影响学生概率内容学习进阶的关键因素，即"随机性直觉""独立性直觉""可度量性直觉""规律性直觉""等可能性偏见""客观性直觉"及"代表性启发"。上述直觉性因素究竟是否作为古典概率学习进阶的影响因素，是在相关分析、回归分析的过程中逐步析取的；上述直觉性因素究竟是如何影响学生概率内容学习进阶的（即影响机制），是在模型假设、模型建构、模型优化的过程中逐渐明晰的。例如，"规律性直觉"指的是学生在大量重复试验情境下，对"各个结果出现的频率表现出规律性的认识，这类直觉显然与《古典概率测试》中的任务相关不大，而与学生频率概率内容的学习关系十分密切。而事实也表明，它在后文分析学生古典概率内容学习进阶的过程中逐步被模型淘汰。换言之，尽管在学习进阶影响因素模型的初期分析阶段，研究者将"规律性直觉"作为古典概率学习进阶的影响因素，但在数据分析环节，数据会提示我们该如何删减无关因素，如何优化影响因素模型。又如，将"随机性直觉""可度量性直觉""等可能性偏见"等直觉性因素作为古典概率学习进阶的影响因素。具体而言：第一，由于在本研究所涉及的《古典概率测试》中，被试只有对随机性具备良好的认知之后，才能用随机的思维方式（而不是因果思维、确定性思维等方式）思考概率问题，因此"随机性直觉"可能是古典概率学习进阶中的重要变量。第二，古典概率本质上是客观概率，这意味着概率的大小可以被量化——其大小可以被精确地计算出来。学生只有在对概率的可度量性有良好认知的情况下，才不至于在计算概率值的时候放弃上述量化的策略而表现出诸如"概率是无法计算的""我们无法预测未来"等宿命论式的概率认识，因此"可度量性直觉"可能是古典概率学习进阶中的重要变量。第三，以往的研究一再表明，学生概率认知中的"等可能性偏见"十分顽固——它几乎无处不在，因此它可能是古典概率学习进阶中的重要变量。类似地，"客观性直觉"和"代表性启发"都可能是古典概率学习进阶中的重要变量，后文（第六章）将作详尽的讨论和分析。

在题目设置上，针对上述七个直觉性因素，每个因素设置三道题目。下面从每个因素的三道题目中各选择一道作为示例，本部分问卷的具体结构如表4-5所示，问卷详见附录5。

在正测中，研究者还作了如下调整：一是打乱了题目的顺序，使得不同直觉性因素的题目彼此交叉、无序；二是题目设置并非全然是正向设置，而是正向设置与反向设置相结合，这样做可以有效排除一些明显的应付性作答或自相矛盾的作答。

表4-5 《直觉性因素问卷》的结构（示例）

直觉性因素	题目示例	备注
独立性直觉	连续抛一枚均匀的硬币9次，如果接下来抛第10次，第10次的结果与前9次的结果有某种程度的联系。	反向
可度量性直觉	概率是一种神秘的东西，我们面临随机问题时，某个事件的概率是不能被预测出来的。	反向
等可能性偏见	对于一个随机事件，它的概率总是50%。	反向
代表性启发	一位外国的母亲先后生了6个孩子，她先后生出"男孩、女孩、女孩、男孩、女孩、男孩"的可能性比先后生出"男孩、男孩、男孩、男孩、女孩、女孩"的可能性更大。	反向

第五节　测试材料的信效度

一、信度

以克朗巴哈系数（Cronbach's α）为指标，对各测试材料的内部一致性进行分析。结果表明，各测试材料均具有较高的同质性信度：《古典概率测试》为 α=0.869，《组合知识问卷》为 α=0.929，《直觉性因素问卷》为 α=0.719。

二、效度

为了检验测试工具的结构效度，即验证研究者构建的测试框架及其指标是否与实际数据相适配，研究者采取分层随机抽样的方式，从被试中再次随机抽取 300 名（即从办学水平为优秀、良好及一般的学校分别随机抽取 100 名被试）进行验证性因素分析（Confirmatory Factor Analysis，简称 CFA）。

以《古典概率测试》中"样本空间""概率比较"及"概率计算"三大内容模块为并行一阶变量进行多因素斜交模型验证性因素分析。采用极大似然估计法（Maximum Likelihood Estimates）进行参数估计，所得标准化估计值（Standardized Estimates）模型如图 4-4 所示。（图中 ybkj、glbj、gljs 分别指代样本空间、概率比较和概率计算）该模型的临界比（critical ratio，简称 C.R.）均大于 1.96，所有路径系数均达到显著性水平（所有 $p<0.001$）；各维度测试项目的因子载荷大都在 0.5 以上，说明各测试项目能够较好地反映其要测得的构念特质。

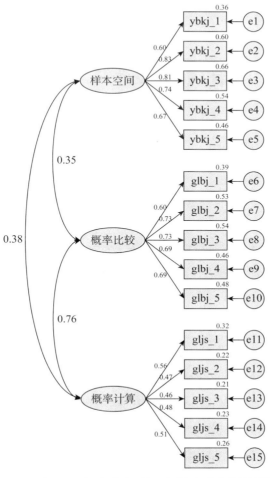

图 4-4 《古典概率测试》验证性因素分析标准化估计值模型

从模型的配适度来看：$RMSEA = 0.075$，$IFI = 0.903$，$CFI = 0.901$，$x^2/df =$ 2.676。

类似地，《组合知识问卷》各测试项目的因子载荷分别为 0.74、0.76、0.83、0.83 及 0.76。$RMSEA = 0.069$，$IFI = 0.991$，$CFI = 0.991$，$x^2/df = 2.415$。

《直觉因素问卷》各维度测试项目的因子载荷大都在 0.5 以上。$RMSEA = 0.053$，$IFI = 0.924$，$CFI = 0.919$，$x^2/df = 1.568$。

以上结果说明，测试材料的结构效度良好。

第六节　研究方法

一、数据收集阶段

1. 纸笔测试

本研究的纸笔测试材料为《古典概率测试》，用以考察学生对古典概率内容的学习进阶。在该模块的测查中，相应的任务设计和测查材料的科学性至关重要。为此，研究者通过预研究等环节逐步厘清了测查材料的结构及具体题目设置。经过多轮打磨和完善，最终形成了正测中使用的《古典概率测试》纸笔测试材料。

2. 问卷调查

在本研究中，为了考察学生概率内容学习进阶中的影响因素，研究设计了《组合知识问卷》和《直觉性因素问卷》两套问卷。其中，《组合知识问卷》采用的是选择题形式，要求学生在不同的选项中选择一个正确的选项；《直觉性因素问卷》采用的是五级李克特量表（Likert scale）形式，要求被试根据条目描述与其自身实际的匹配情况，对各条目的认可程度进行客观评估。其中，"1"表示完全不同意，"2"表示不同意，"3"表示不确定，"4"表示同意，"5"表示完全同意。上述问卷的设计思路、结构等详见本章"研究材料"部分，上述问卷的具体内容详见附录4和附录5。

3. 访谈

在本研究中，研究者在对《古典概率测试》及《影响因素问卷》等材料进行分析之后，针对作答中表现出典型错误的被试群体，从中选择部分被试进行事后访谈，以深入了解其作答时的思考过程，为结果讨论提供更深入的资料（如概念理解的障碍及其原因）。在操作上，研究者首先向被访谈者说明访谈目的，然后让被访谈者详细说明其在解决问题时的思考过程（有时要求被访谈者借助纸笔、草稿、示意图等方式对上述过程进行仔细描述），在适当时候，研究者还通过追问等方式不断挖掘新的访谈内容。最后需指出的是，除了在正测中使用了访谈法以外，在前期的预测试中，也使用了该方法。

二、数据分析阶段

1. 经典测量理论

经典测量理论（即 CTT）的发展已经有近百年的历史，它是建立在被试对测试项目的作答反应之上的。一般而言，CTT 的基本假设是，被试在测试项目上的观察得分（X）等于个体真实得分（T）与随机误差（E）的和。其中，个体的真实得分是一个假设的数据，它指的是假如被试在同等难度的测试项目中无限地作答，他所获得的平均分即代表他的真实得分。实际上，当被试 a 接受某种特定的测验时，研究所获知的仅仅是观察得分 X_a，而不能准确知晓其真实得分 T_a。在此情况下，若测试时的误差为正，则观察得分高估了真实得分；若测试时的误差为负，则观察得分低估了真实得分；若测试时的误差控制得当，则观察得分能够比较接近其真实得分。假设对被试进行多次测试（或接受多个项目的测试），由于测量误差的平均值为 0，观察得分的期望就等于其真实得分，因此 CTT 认为测试项目越多，越能够真实地反映被试的能力，在此情况下的平均分也越稳定。

当测试被应用到某个被试群体中时，如果测量误差控制得很好，那么所有被试的观察得分就都会接近其真实得分。换言之，观察得分和测量误差之间的相关系数为 1.00；而观察得分跟真实得分之间的相关性则取决于测量误差的方差：测量误差方差越大，两者的相关性越低；测量误差方差越小，两者的相关性越高。

对于本研究而言，主要在第五章探索"用 CTT 验证 IRT 分析结果""各年级之间的进阶幅度"时采用了描述性统计方法，在第六章有关"学习进阶影响因素的初步探索"时采用了相关分析、同时多元回归分析、逐步多元回归分析等统计方法。

2. 项目反应理论及拉什模型

项目反应理论（即 IRT）主要应用于考试、测验及大规模测试的分析之中，它旨在构造项目特征函数（或项目反应函数）来描述被试答对概率、被试能力及测试项目难度之间的定量关系。在 IRT 中，各测试项目的特征函数不再是 CTT 中的 $X=T+E$ 的简单关系，而是一种非线性的关系，它同时包含了被试能力参数及测试项目难度参数。当前的 IRT 中常见的反应模型一般均是建立在以下的假设之上的。第一，潜在特质的单维性假设，即所测查的某种内部心理特征（或称作构念）所对应的测试项目是有效指向所测查的目标的。第二，局部独立性假设，它一方面是指被试对各测试项目的作答反应是彼此孤立的，即被试对某个测试项目的反应既不会影响到他对其他项目的反应，又不会被他在其他测试项目上的反应影响到，另一方面是指不同被试对同一测试项目的反应之间互不影响。第三，测验未被加速假设，是指 IRT 所关涉的测试其目的在于能力考查而对作答的速度不作追究，为此它强调提供充足的测试时间以确保被试的能力能够稳定而确切地表现出来。

拉什模型由丹麦数学家乔治·拉什（Rasch G）于 20 世纪 60 年代首次提出 [1]，如今已成为项目反应理论的经典模型。近年来，拉什模型在国际范围内被越来越多地运用到心理学、医学、社会学及教育学的科学研究中，用以测查被试在测试项目上的潜在特质（latent trait）。拉什模型的优势在于，被试能力值的测量是等距的，不受测试项目及被试选择的影响，有效克服了经典测量理论对测试项目及被试群体的依赖 [2]。该模型的基本思想是，通过建立一个概率模型来刻画被试在不同测试项目（items）上的反应（response），并据此来推断和解释该被试的表现、智力、水平、能力、成绩等。在该模型中，被试反应正确的概率取决于被试能力值与测试项目难度值之差。被试能力值相对于测试项目难度值越高，则回答正确的概率越大；被试能力相对于测试项目难度值越低，则回答正确的概率越小。记某个测试项目 i 的难度为 D_i，某被试 n 的能力值为 B_n，该被试的正确反应记 1 分，错误反应记 0 分，则该被试在该测试项目上反应正确的概率为

[1] Rasch G. Probabilistic models for some intelligence and attainment tests [M]. Copenhagen: Danmarks Paedagogiske Institute, 1960.

[2] 王蕾 . Rasch 测量原理及在高考命题评价中的实证研究 [J]. 中国考试（研究版），2008（1）：32–39.

$$P\left(X=1|B_n, D_i\right)=\frac{e^{(B_n-D_i)}}{1+e^{(B_n-D_i)}}。$$

如果将答对概率与答错概率的比值记为被试作答的"胜数"，则被试的"胜数"取决于被试能力与项目难度的差异（B_n-D_i）：差异越大，答对的概率越大；差异越小，答对的概率越小；差异为 0 时，答对的概率为 50%。因此，该模型还可以写作

$$\ln\left(\frac{P_{ni}}{1-P_{ni}}\right)=B_n-D_i。$$

上述的拉什模型一般被称作二分拉什模型（Dichotomous Rasch Model）。在该模型中，被试能力与项目难度具有恒常性（in-variance）[1]，题目难度和学生能力在一把量尺上：同一被试在不同测试项目中其能力是恒常的，同一测试项目在不同被试群体中其难度值是恒常的。换言之，不同被试在同一测试项目的不同表现完全取决于被试间的能力差异。例如，被试 1 的能力（B_{n1}）高于被试 2（B_{n2}），他们对同一测试项目的"胜数"之差为 ln（胜数₁）–ln（胜数₂）=（$B_{n1}-D_i$）-（$B_{n2}-D_i$）=$B_{n1}-B_{n2}$，仅与二者的能力有关。

除了二分拉什模型，根据测试项目特征等因素的差异，拉什模型在后续研究中逐渐发展了诸如等级量表模型（Rating Scale Model）、多维度拉什模型（Multi-dimensional Rasch Model）、分部赋分模型（Partial Credit Model）等 [2]。如果将 D_{ik} 记为测试项目 i 上得 k 分的难度值，将 P_{nik} 记为被试 n 在测试项目 i 上得 k 分的概率，则有

$$\ln\left(\frac{P_{nik}}{1-P_{nik}}\right)=B_n-D_{ik}。$$

与 CTT 理论相比较，拉什模型具有如下的特点和优势 [3]。第一，测量的分数是等距的。在 CTT 中，研究者一般采用百分制来刻画被试的成绩，它的缺陷在于难以充分地将能力强和能力弱的学生区分开来。例如，被试从 55 分提高到 60 分所需的能力与从 10 分提高到 15 分或从 95 分提高到 100 分所需

[1] Bond T G & Fox C M. Applying the Rasch model: Fundamental measurement in the human science [M]. Mahwah, New Jersy: Lawrence Erlbaum Associate, 2007: 285-286.

[2] 同 [1] .

[3] 同 [1] .

的能力显然是不一样的，但在 CTT 中上述三个差值的意义是一样的。拉什模型由于采用"胜数"的自然对数方法，将上述的原始分转化成了 logit 分数，这使得两端的数据得以"拉伸"，从而避免了可能出现的"天花板效应"和"地板效应"。第二，被试的能力值与项目的难度值彼此独立。在 CTT 中，由于测试项目的难度通常用百分比来描述，因此学生的能力值常常与测试项目的难度有关。例如，测试项目的难度越低，被试的得分越高；测试项目的难度越高，被试的得分越低。又如，同一个测试项目在能力强的学生群体中施测时，它的难度偏低；而将它在能力较弱的学生群体中施测时，它的难度则偏高。因此，学生能力的大小与测试项目的难度大小密切相关。而在拉什模型中，测试项目的难度与学生的能力值具有恒常性：学生的能力值不因测试项目的难度而改变，测试项目的难度也不因受测群体的能力大小而改变。上述的样本独立性和工具独立性保证了从客观上根据项目难度刻画学生的能力值。第三，测试项目的难度值和被试的能力值并非是直接观测的。在 CTT 中，测试项目的难度值通常是根据被试的作答正确率来描述的，而被试的能力值则相应地基于上述正确率来描述。在拉什模型中，被试的能力值是通过其在一系列的测试项目中的作答反应进行估计的。

在本研究中，主要在第五章探索学习进阶的一般规律等内容时采用了项目反应理论的拉什模型方法，分析了测试项目的难度值、加权的残差均方（MNSQ Infit）、点—测量的相关（PTMEA CORR）等指标，并获得了怀特图（Wright Map）。

3. 结构方程模型

结构方程模型（Structural Equation Model，简称 SEM）有时也称作潜变量模型（Latent Variable Model，简称 LVM）、线性结构关系模型（Linear Structural Relationship Model，简称 LSRM）、协方差结构模型（Covariance Structural Model，简称 CSM）等。它整合了因素分析和路径分析两种分析办法，其检验模型中包含了显变量、潜变量、误差项等，并能够同时刻画变量间的直接效应、间接效应及总效应。一个完整的 SEM 通常同时包含了测量模型（Measurement Model）和结构模型（Structural Model），前者描述潜变量是如何被相应的显变量所测量的；后者描述潜变量（有时也包含显变量）之间的复杂关系及其中的误差项。

SEM 从根本上说是一种验证性的方法，它需以前期充分的理论建构为依据，根据理论分析获得一个初始的、待验证的模型，并通过 SEM 对上述理论模型进行拟合分析和修正。SEM 最常用的估计方法是最大似然估计法，因此它对数据的正态性有一定的要求。

综合以往的研究，SEM 较传统的因素分析和回归分析等有如下优势[1-3]。第一，SEM 较传统的因素分析而言给予更多普遍性的测量模型，并且能够帮助研究者针对性地刻画各个潜变量的复杂关系。第二，SEM 可以检测测量模型中个别测试项目的测量误差，并且将其从题项的变异量中分离出来，这确保了因素负荷量的精度。第三，研究者可以基于事先的理论分析确定测量模型中指向相同潜变量的测试项目，并且可以自行设置不同测试项目的因素负荷量（也可以将其设置为相同的因素负荷量）。第四，研究者可以基于事先的理论分析对测量模型中某些可能存在相关的观测变量进行相关性的设置，这使得模型的建构能够最大限度地符合研究者的理论预期。第五，SEM 可以同步处理测量与分析的问题，它有效整合了测量工具与分析模型，同时将显变量、潜变量等纳入一个系统中，一举实现了测量和分析的任务。第六，SEM 注重多重指标的运用。由于该模型处理的是整体模型契合度的程度，因此它的配适度参考的指标是多元的，研究者需要协同考虑各个参考指标的拟合程度来最终判断模型的适切性，这确保了研究能够最大限度地建构一个合适的模型。第七，相较于传统的复回归分析而言，SEM 除了能够同时处理多组回归方程式的估计，还能够利用潜变量来观测显变量的残差，因此 SEM 中残差的精度更加复杂。

在本研究中，主要在第六章探索"古典概率内容学习进阶的影响子因素及其机制"时采用了结构方程模型方法，先后经历了模型假设、模型建构、模型竞争、模型优化等过程。

[1] Bandalos D L. The effects of item parceling on goodness-of-fit and parameter estimate bias in structural equation modeling [J]. Structural Equation Modeling Journal, 2002, 9 (1): 78–102.

[2] Beauducel A & Wittmann W W. Simulation study on fit indexes in CFA based on data with slightly distorted simple structure [J]. Structural Equation Modeling, 2005, 12 (1): 41–75.

[3] Byrne B M. Structural equation modeling with EQS: Basic concepts, applications, and programming (2nd ed.) [M]. Mahwah, NJ: Erlbaum, 2006.

第七节 研究程序

从时间节点上来看，本研究从设计到施测、分析先后经历了如下的主要阶段。

第一阶段：2015 年 9 月—2016 年 6 月。在该阶段，研究者主要着手研究问题的聚焦以及测试任务的前期设计。

第二阶段：2016 年 9 月—2017 年 9 月。在该阶段，研究者主要着手相关文献的梳理工作，明确了本研究在当前相关研究脉络中的定位，并据此进一步厘清了研究问题和方法。此外，通过邮件等形式资讯本领域的专家，进一步优化了测试任务的设计。

第三阶段：2017 年 9 月—2017 年 10 月。在该阶段，研究者对测试材料进行了小范围的预试测及访谈，据此对测试材料作进一步完善和优化。

第四阶段：2017 年 11 月。在该阶段，研究者于青岛实施本研究的正式测试。具体而言，研究者选取了办学水平处于优秀、良好及一般的三类学校作为测试基地。由于正测涉及的测试材料（包括 2 项测试卷和 3 项问卷）较多，因此这些测试材料是在一段时间内陆续完成的。之所以这样做，是出于以下三个方面的考虑：第一，相较于密集测试，分批测试可弱化对学校日常教学进度造成的影响；第二，分批测试有效避免了学生面临密集测试时易产生的厌恶和反感心理；第三，由于部分测试材料之间（如《古典概率测试》和《组合知识测试》）存在一定程度的关联，因此两次测试若紧密进行则势必凸显了一套测试对另一套测试的提示作用。

第五阶段：2017 年 12 月上旬。在该阶段，研究者主要聚焦于数据的编码和录入工作。具体而言：首先，研究者对数据进行了初步处理，剔除了少量的无效问卷。其次，研究者对学生的作答进行了编码。由于本研究的测试大都不涉及主观问答，因此对数据的编码都是遵从学生作答的客观实际。最后，研究者将上述编码先后录入 Excel 及 SPSS 软件保存,以作后续分析之用。

第六阶段:2017 年 12 月中旬—2018 年 6 月。在该阶段,研究者主要聚焦于"结果"和"讨论"部分的撰写工作。

第八节　研究的技术路线

本研究的完整技术路线图如图 4-5 所示。

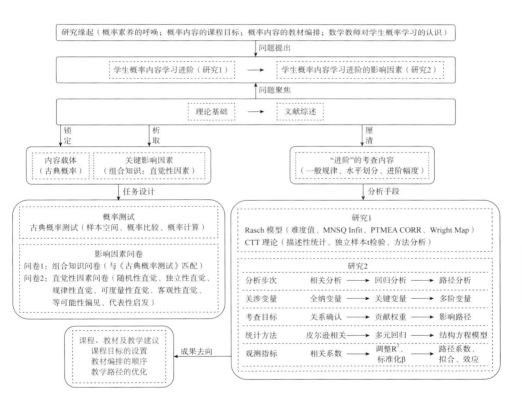

图 4-5　研究的技术路线

第五章

七—九年级学生
概率内容学习进阶

本章是该研究的主体内容之一，研究者将聚焦于七—九年级学生概率内容学习进阶的刻画。具体而言，内容载体聚焦古典概率，研究视角则分别从水平划分、一般规律及进阶幅度三个维度进行多方位、系统的考察。具体而言：学习进阶水平划分的考察旨在根据问题本身的复杂度将学生的得分水平划分成若干水平；学习进阶一般规律的考察旨在将上述水平划分进一步一般化，以揭示学生对于概率子概念的进阶序列；学习进阶幅度的考察是指贯通不同年级学生的数据，并据此考察各个年级概率内容学习进阶的幅度。

需要特别指出的是，在下文中，研究者首先基于项目反应理论对学生概率内容的学习进阶进行了分析；其次基于经典测量理论对上述学习进阶进行了验证。

第一节　学生古典概率学习进阶的水平刻画

项目难度与学生能力匹配情况如图 5-1 所示。拉什模型通过将被试原始得分转化为 logit 分，把项目难度值和学生能力值放在同一把量尺上进行分析。左侧的"X"表示学生的能力分布（其中每个"X"表示 8.4 个被试），右侧表示测试项目的难度分布。其中，学生能力基本呈正态分布，比较理想；15个测试项目的难度分布较广。该图呈现了测试项目的难度（亦即对学生的能力要求）递增情况。例如，Q2T2 处于难度值的最底层，表明其对学生的能力要求最低；Q2T1 处于难度值的最高层，表明其对学生的能力要求最高。

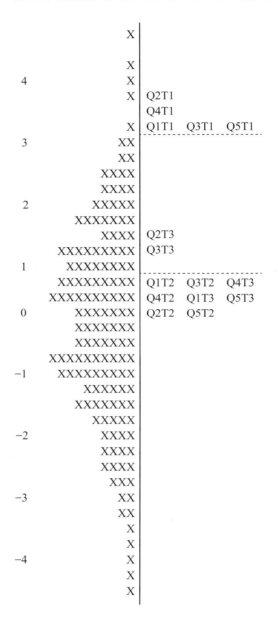

图 5-1 《古典概率测试》项目难度与学生能力值匹配度检验怀特图

总体而言，学生古典概率概念的学习进阶可被大致划分为三个水平（每个水平还可以划分为若干子水平）。上述有关概率概念学习进阶水平的划分仅适用于与本研究中概率任务相似的古典概率问题。下面基于上述水平划分，尝试界定学生在每个水平上概率概念的发展情况。

水平 1。在水平 1，学生主要在"概率比较"方面有所发展，在"概率计算"方面也有一定程度的发展，而尚未发展"样本空间"概念。具体而言，第一，学生在"概率比较"上的学习进阶与关涉任务的组合复杂度及重复样本复杂度有关。例如，Q4T2 的难度值大于 Q2T2，从两道题目的情境来看，Q4 中涉及"2 个黑球和 3 个白球"，而 Q2 中涉及"2 个黑球和 2 个白球"，Q4 的目标组合复杂度、总体组合复杂度和重复样本复杂度都是"复杂"，而 Q2 均为"中等"。可见，Q4 在目标组合复杂度、总体组合复杂度及重复样本复杂度三个维度上均高于 Q2，这意味着学生在进行概率比较时，可能需要进行更复杂的组合运算，还可能需要面临更多的重复样本，而这对学生的能力提出了更高的要求。又如，Q4T2 的难度值大于 Q5T2，从两道题目的情境来看，Q4 中涉及"2 个黑球和 3 个白球"，而 Q5 中涉及"2 个黑球、2 个白球和 1 个绿球"，Q5 的目标组合复杂度和重复样本复杂度是"中等"，总体组合复杂度是"复杂"。可见，尽管两道题目的总体组合复杂度处于同等水平，但 Q4 在目标组合复杂度和重复样本复杂度两个维度上均高于 Q5，这意味着学生在进行概率比较时，可能需要进行更复杂的组合运算，还可能需要面临更多的重复样本，而这对学生的能力提出了更高要求。第二，学生在"概率计算"上的学习进阶与关涉任务的组合复杂度及重复样本复杂度有关。例如，Q4T3 的难度值大于 Q5T3，尽管两个题目的总体组合复杂度处于同等水平，但 Q4 在目标组合复杂度和重复样本复杂度维度上均高于 Q2，这意味着学生在进行概率计算时，可能需要进行更复杂的组合运算，还可能需要面临更多的重复样本，而这对学生的能力提出了更高要求。第三，对于同一个题目（即问题情境不变）而言，"概率计算"的能力值要求一般要高于"概率比较"。例如，Q4T3 的难度值大于 Q4T2 的难度值，Q5T3 的难度值大于 Q5T2 的难度值。

水平 2。在水平 2，学生主要在"概率计算"方面有所发展，在"样本空间"方面的发展仍未启动。第一，值得注意的是，对于组合复杂度和重复样本复杂度较高的问题情境，学生在水平 1 已然有所发展，而对于组合复杂度和重复样本复杂度偏低的问题情境，学生在水平 2 才开始发展。例如，尽管 Q4 在目标组合复杂度、总体组合复杂度及重复样本复杂度三个维度上均高于 Q2，但 Q2T3 的难度值却大于 Q4T3。究其原因，这或许与学生不良的概率直觉有关：Q2 中的黑球和白球均是 2 个，对于学生而言，黑球和白球是"十分均等的"，学生在尚未发展良好的概率计算策略之前，其持有的概率直觉会告诉他们：两种颜色的球个数是相等的，所以各种情况的概率应该是一样的。事实上，从前文提及的策略类型来看，这类策略在学生中十分常见。由此说明，组合复杂度和重复样本复杂度未必是造成学生概率认知困难的主要因素，其持有的不良直觉也扮演着十分重要的作用，第六章对此进行了深入探索。第二，学生在"概率计算"上的学习进阶与关涉任务的组合复杂度及重复样本复杂度有关。

水平 3。在水平 3，学生在"样本空间"方面的知识得以启动并发展。学生在"概率计算"上的学习进阶与关涉任务的组合复杂度及重复样本复杂度有关。例如，Q2T1 的难度值大于 Q1T1，从两个题目的情境来看，Q2 中涉及"2 个黑球和 2 个白球"，而 Q1 中涉及"1 个黑球和 2 个白球"，Q2 的目标组合复杂度、总体组合复杂度、重复样本复杂度均为"中等"，而 Q1 均为"简单"。可见，Q2 在目标组合复杂度、总体目标组合复杂度和重复样本复杂度三个维度上均高于 Q1，这意味着学生在列举所有可能的结果时，可能需要进行更复杂的组合运算，还可能需要面临更多的重复样本，而这对学生的能力提出了更高要求。

表 5-1　学生古典概率内容学习进阶的水平划分

概率任务	水平 1			水平 2		水平 3		
	1-	1	1+	2	2+	3-	3	3+
样本空间						Q1T1 Q3T1 Q5T1	Q4T1	Q2T1
概率计算		Q1T3 Q5T3	Q4T3	Q3T3	Q2T3			
概率比较	Q2T2 Q5T2	Q4T2	Q1T2 Q3T2					

第二节 学生古典概率学习进阶的一般规律

为了更清晰地揭示学生概率内容学习进阶的一般规律，下面对前文的水平划分作进一步分析。

一、各题目的难度值及指标拟合

通过 IRT 技术，对各题目（Q1—Q5）各概率任务（T1—T3）的难度值与学生能力值进行匹配。项目拟合指数如表 5-2 所示。Q1T1—Q5T3 共 15 个项目的难度估计在 0.036 ~ 3.771 之间，各项目的平均分估计误差都很小。项目拟合指数标准化 MNSQ 的值介于 0.84 ~ 1.18 之间，均在可接受的范围内（0.7 ~ 1.3）[1]；根据以往研究的经验，ZSTD 值受到样本量的影响较大，因此主要从 MNSQ 指标评判拟合程度 [2]。此外，PTMEA CORR 均在较高水平。综上表明，项目与假设拉什模型拟合良好。

各测试项目的特征曲线详见附录 6。

表 5-2 《古典概率测试》测验项目拟合、误差统计

ITEM	ESTIMATE	ERROR	MNSQ（Infit）	PTMEA CORR
GDQ1T1	3.230	0.107	1.06	0.41
GDQ2T1	3.771	0.124	0.86	0.45
GDQ3T1	3.348	0.110	0.96	0.55
GDQ4T1	3.609	0.118	0.87	0.46
GDQ5T1	3.336	0.110	0.94	0.46

[1] Bond T & Fox C. Applying the Rasch model: Fundamental measurement in the human sciences (2nd) [M]. Lawrence Erlbaum Associates: Mahwah, NJ, 2007: 285–286.

[2] 黄琼. 化学学习中学生科学推理能力的发展研究 [D]. 北京：北京师范大学，2012.

ITEM	ESTIMATE	ERROR	MNSQ（Infit）	PTMEA CORR
GDQ1T2	0.573	0.071	0.85	0.70
GDQ2T2	0.036	0.070	0.87	0.68
GDQ3T2	0.729	0.071	0.84	0.71
GDQ4T2	0.513	0.071	0.88	0.70
GDQ5T2	0.119	0.070	0.89	0.69
GDQ1T3	0.443	0.070	0.97	0.65
GDQ2T3	1.445	0.076	1.02	0.63
GDQ3T3	1.264	0.074	1.11	0.57
GDQ4T3	0.573	0.071	1.18	0.56
GDQ5T3	0.463	0.070	1.18	0.56

二、各概率任务的难度值比较

进一步地，对各概率任务所涉及的题目进行整合，以得出各概率任务的难度值，详见表5-3。由该表可见，样本空间任务的难度值最高，概率计算任务的难度值次之，概率比较任务的难度值最低。换言之，样本空间任务对被试的能力值要求最高，概率计算任务对被试能力值的要求次之，概率比较任务对被试能力值的要求最低。可见，从概率任务的本身考察，学生古典概率内容的学习是按照"概率比较→概率计算→样本空间"的顺序进阶的。这与我们的预期有较大差距：在我们的常识里，样本空间知识是学生进行概率计算的基础，而概率计算能力则是概率比较的基础。以Q2为例，该题的第一问是样本空间任务（T1），第二问是概率比较任务（T2），第三问是概率计算任务（T3）。从我们的常识或者数学逻辑考虑：第一步，学生需要明晰T1中所有六种可能的情况（即白$_1$白$_2$、黑$_1$黑$_2$、黑$_1$白$_1$、黑$_1$白$_2$、黑$_2$白$_1$、黑$_2$白$_2$）。第二步，学生需要分别计算"2个白球"和"1个黑球和1个白球"的概率。根据古典概率的计算法则，前者的概率为$\frac{1}{6}$，后者的概率为$\frac{4}{6}$。第三步，学生根据上述有关概率的计算结果，对"2个白球"和"1个黑球和1个白球"这两种情况的概率进行比较。综上所述，T1是T3的基础，T3则是T2的基础。然而，学生端数据告诉我们，他们在上述三个任务上的进阶与我们的预期截然相反！

表 5-3 《古典概率测试》各概率任务对应题目的难度值

概率任务	对应题目						均值
样本空间	题目	GDQ1T1	GDQ2T1	GDQ3T1	GDQ4T1	GDQ5T1	3.459
	难度值	3.23	3.771	3.348	3.609	3.336	
概率比较	题目	Q1T2	Q2T2	Q3T2	Q4T2	Q5T2	0.394
	难度值	0.573	0.036	0.729	0.513	0.119	
概率计算	题目	Q1T3	Q2T3	Q3T3	Q4T3	Q5T3	0.838
	难度值	0.443	1.445	1.264	0.573	0.463	

注：GDQmTn 是指《古典概率测试》题目 m 的概率任务 n。

三、用 CTT 验证 IRT 分析结果

以上通过 IRT 技术，将学生的作答得分转化成能力值，通过题目的难度值来刻画学生的能力值，进而据此刻画了学生在不同概率任务中能力值的进阶关系，亦即学生概率概念的学习进阶。为了更深入地揭示这一点，研究者分别对不同办学水平学校学生、不同性别学生的作答表现进行了描述性统计。

首先是对不同办学水平学校学生作答表现的具体分析。

对三类办学水平学校学生在《古典概率测试》中的作答表现进行了描述性统计，详见表 5-4。从该表可以看出，不同办学水平学校学生在三个概率任务上的作答表现存在较大的差异。具体而言，学生在样本空间任务上的得分最低，在概率计算任务上的得分次之，在概率比较任务上的得分最高。可见，三类学校学生在上述三个概率任务上的得分排序表现出相同的规律，从低到高均依次是样本空间、概率计算及概率比较。其中，"一般"学校学生在概率比较和概率计算任务上的得分差别不大。

表 5-4　不同办学水平学校被试在三个任务上得分的描述性统计

办学水平	概率任务					
	样本空间		概率比较		概率计算	
	均值	标准差	均值	标准差	均值	标准差
一般（N=483）	0.085	0.212	0.303	0.349	0.302	0.287
良好（N=385）	0.088	0.242	0.478	0.403	0.402	0.340
优秀（N=438）	0.105	0.270	0.552	0.394	0.424	0.353

其次是对不同性别学生作答表现的具体分析。

对不同性别学生在《古典概率测试》中的作答表现进行了描述性统计，详见表 5-5。从该表可以看出，不同性别学生在样本空间任务上的得分均最低，在概率计算任务上的得分均次之，在概率比较任务上的得分均最高。这与前文 IRT 的研究结果完全一致，与不同办学水平学校学生在上述三个概率任务中的得分排序也完全一致，从低到高依次是样本空间、概率计算、概率比较。

表 5-5　不同性别被试在三个任务上得分的描述性统计

性别	概率任务					
	样本空间		概率比较		概率计算	
	均值	标准差	均值	标准差	均值	标准差
男生（N=669）	0.094	0.239	0.406	0.385	0.345	0.319
女生（N=618）	0.092	0.246	0.476	0.404	0.409	0.339

注：有 19 位被试的性别数据缺失。

第三节　学生古典概率学习进阶的跨年级考察

一、各年级学生作答表现的描述性统计

对各个年级学生在《古典概率测试》中的作答表现进行了描述性统计，详见表5-6。从该表可以看出，首先，从整体上而言，七—九年级学生在《古典概率测试》中的总分均值是随着年级的递增而增高的，且增长幅度基本稳定。这与我们的预期基本一致，由于随着年级的递增，学生在学校课程中学习的概率内容逐渐增多，在认知要求上逐渐加深，有关概率的经验也在不断积累，因此学生在古典概率测试中的作答表现随着年级的递增越来越好。其次，具体地看，学生在三个概率任务上的作答表现也是随着年级的递增而越来越好的。这表明随着年级的递增，学生对古典概率中所涉及的样本空间、概率比较及概率计算概念的认识是逐渐加深的。再次，学生在三个概率任务上的作答表现存在较大的差异。具体而言，学生在样本空间任务上的得分最低，在概率计算任务上的得分次之，在概率比较任务上的得分最高。最后，若从每个年级学生的作答分别考察，各个年级学生在上述三个概率任务上的得分排序也表现出上述规律。其中，七年级学生在概率比较和概率计算任务上的得分差别不大。

表5-6　各年级学生在三个概率任务上得分的描述性统计

年级	概率任务						总分均值	
	样本空间		概率比较		概率计算			
	均值	标准差	均值	标准差	均值	标准差	均值	标准差
七年级（N=538）	0.058	0.182	0.286	0.352	0.285	0.289	0.210	0.206
八年级（N=426）	0.101	0.249	0.463	0.391	0.374	0.319	0.313	0.248

年级	概率任务						总分均值	
	样本空间		概率比较		概率计算			
	均值	标准差	均值	标准差	均值	标准差	均值	标准差
九年级（N=339）	0.138	0.300	0.653	0.360	0.513	0.358	0.434	0.265
总体（N=1303）	0.093	0.241	0.438	0.396	0.372	0.331	0.302	0.253

注：有 3 位被试的年级数据缺失。

二、各年级学生作答表现的差异分析

上述描述性统计结果初步揭示了学生在《古典概率测试》中总得分及各概率任务得分随年级递增的发展情况。总体而言，无论是在《古典概率测试》的总分方面，还是在各个概率任务的得分方面，学生的作答表现均随着年级的递增越来越好。进一步，对不同年级学生在《古典概率测试》上的得分进行方差分析，以考察不同年级学生得分的差异是否具有统计显著性。方差齐性检验表明，Levene（2，1300）=21.352，$p<0.001$。"无法满足方差齐性假设并非方差分析最致命的问题，特别是多个样本组大小相等时。如果多个样本组的大小不等，则推荐使用 Welch 方差分析"[1]。Welch（2，752.165）=92.191，$p<0.001$，表明不同年级学生在《古典概率测试》的总分上存在显著性差异。Dunnett T3 多重比较表明，各年级学生之间在《古典概率测试》中的总分差异具有统计意义的显著性（所有 $p<0.001$），详见表 5-7。

表 5-7 不同年级学生在《古典概率测试》中的总分的多重比较

（I）年级	（J）年级	均值差（I-J）	标准误	显著性	95% 置信区间	
					下限	上限
七	八	−.10301***	.01494	.000	−.1388	−.0673
	九	−.22455***	.01692	.000	−.2651	−.1840
八	七	.10301***	.01494	.000	.0673	.1388
	九	−.12154***	.01876	.000	−.1664	−.0766

[1] 李文玲，张厚粲. 教育与心理定量研究方法与统计分析 [M]. 北京：北京师范大学出版社，2008.

（I）年级	（J）年级	均值差（I−J）	标准误	显著性	95% 置信区间	
					下限	上限
九	七	.22455***	.01692	.000	.1840	.2651
	八	.12154***	.01876	.000	.0766	.1664

注：*** 表示 $p<0.001$，** 表示 $p<0.01$，* 表示 $p<0.05$，下文不再赘述。

更进一步，对不同年级学生在《古典概率测试》三个概率任务上的得分分别进行方差分析，以考察不同年级学生得分的上述差异是否具有统计显著性。方差齐性检验表明，Levene $_{样本空间}$（2，1300）=38.169，$p<0.001$；Levene $_{概率比较}$（2，1300）=13.505，$p<0.001$；Levene $_{概率计算}$（2，1300）=21.966，$p<0.001$。Welch $_{样本空间}$（2，704.263）=11.657，$p<0.001$；Welch $_{概率比较}$（2，794.742）=110.863，$p<0.001$；Welch $_{概率计算}$（2，762.891）=49.416，$p<0.001$。以上结果表明，不同年级学生在《古典概率测试》三个概率任务上的得分均存在显著性差异。Dunnett T3 多重比较表明，在概率比较和概率测试任务中，各年级学生的得分差异均具有统计意义的显著性（$p<0.001$）；在样本空间任务中，七年级与八年级之间（$p<0.01$）、七年级与九年级之间（$p<0.001$）的得分差异均具有统计意义的显著性，而八年级与九年级之间的得分差异不具有统计意义的显著性（$p=0.201$）。详见表5-8。

表5-8　不同年级学生在三个概率任务中的得分的多重比较

概率任务	（I）年级	（J）年级	均值差(I−J)	标准误	显著性	95% 置信区间	
						下限	上限
样本空间	七	八	− .04295**	.01440	.009	− .0774	− .0085
		九	− .07947***	.01808	.000	− .1228	− .0362
	八	七	.04295**	.01440	.009	.0085	.0774
		九	− .03652	.02029	.201	− .0851	.0120
	九	七	.07947***	.01808	.000	.0362	.1228
		八	.03652	.02029	.201	− .0120	.0851

（续表）

概率任务	（I）年级	（J）年级	均值差(I-J)	标准误	显著性	95% 置信区间	
						下限	上限
概率比较	七	八	− .17667***	.02427	.000	− .2347	− .1186
		九	− .36626***	.02476	.000	− .4255	− .3070
	八	七	.17667***	.02427	.000	.1186	.2347
		九	− .18960*	.02723	.000	− .2547	− .1244
	九	七	.36626***	.02476	.000	.3070	.4255
		八	.18960***	.02723	.000	.1244	.2547
概率计算	七	八	− .08942***	.01984	.000	− .1369	− .0420
		九	− .22793***	.02310	.000	− .2832	− .1726
	八	七	.08942***	.01984	.000	.0420	.1369
		九	− .13851***	.02486	.000	− .1980	− .0790
	九	七	.22793***	.02310	.000	.1726	.2832
		八	.13851***	.02486	.000	.0790	.1980

三、学生得分随年级递增的进阶幅度

以上不仅对各年级学生在《古典概率测试》中的总体得分及各个概率任务上的得分进行了描述性统计，还对不同年级学生的上述得分进行了差异分析。总体得出的结果是：七—九年级学生的作答表现是随着年级的递增而显著提升的。这既符合我们的预期，也说明"年级"变量是学生概率内容学习进阶的一个重要方面。

紧接着的一个问题是：各个年级之间得分的进阶幅度如何？为此，研究者绘制了学生在《古典概率测试》各个概率任务中的得分随年级发展的折线图，详见图 5-2。由该图可以发现，其一，无论是样本空间任务，还是概率比较任务，抑或是概率计算任务，三个年级学生的得分均是随着年级的递增而增加的。其二，各个年级学生在样本空间任务上的得分都相对较低，且年级之间的进阶幅度较小，八年级在七年级基础上的进阶幅度与九年级在八年级基础上的进阶幅度基本一致。其三，七年级学生在概率比较任务和概率计算任务上的得分基本持平，但在概率比较任务上的进阶幅度更大，八年级学生在概率比较任务上的得分比概率计算任务高出 8.9%，而九年级学生在概率比较任务上的得分比概率计算任务高出 14%。其四，每个年级较前一个年级进阶的内容有较大差异：八年级在七年级的基础上主要进阶了概率比较，概率计算的进阶幅度次之；九年级在八年级的基础上主要进阶了概率比较和概率计算（二者的增长幅度基本持平）。

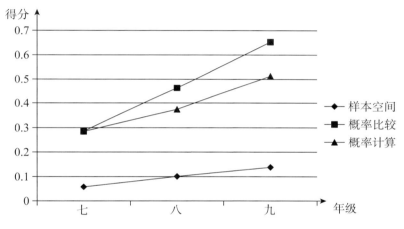

图 5-2　学生《古典概率测试》各概率任务得分随年级发展的折线图

　　为了更直接地说明学生在《古典概率测试》中的得分随年级的进阶幅度，研究者首先将学生在各个概率任务上的作答表现用得分率（%）进行表示，其次对每个相邻年级之间的得分率变化进行了描述性统计，详见表 5-9。从该表可以直观地看出，其一，各个年级之间在《古典概率测试》总分上的进阶幅度基本一致，得分率的增长幅度基本保持在 10% 左右。其二，各个年级在样本空间任务中得分的进阶幅度最小，得分率的增长幅度基本保持在 4% 左右。其三，各个年级在概率比较任务中得分的进阶幅度最大，得分率的增长幅度基本保持在 17%～19%。其四，各个年级在概率计算任务中得分的进阶幅度居中，且九年级在八年级基础上的进阶幅度更大，得分率的增长幅度达到 13.9%，明显高于八年级在七年级基础上的进阶幅度。

表 5-9 七—九年级学生《古典概率测试》得分率的进阶幅度

概率任务	进阶幅度				
	七年级	Δ₁	八年级	Δ₂	九年级
样本空间	5.8%	+ 4.3% →	10.1%	+ 3.7% →	13.8%
概率比较	28.6%	+ 17.7% →	46.3%	+ 19.0% →	65.3%
概率计算	28.5%	+ 8.9% →	37.4%	+ 13.9% →	51.3%
总体表现	21.0%	+ 10.3% →	31.3%	+ 12.1% →	43.4%

七—九年级学生概率内容学习进阶的影响因素及作用机制

本章具体考察学生概率内容学习进阶的影响因素及其机制，主要回答两个问题：其一，有哪些因素影响了学生概率内容的学习进阶？其二，这些因素是如何影响学生概率内容学习进阶的？

第一节 学生学习表现与关涉因素的相关分析

一、组合知识

1. 与总分的相关

首先，以组合知识与《古典概率测试》总分为变量进行二元相关分析。结果显示，组合知识与《古典概率测试》总分之间的皮尔逊相关系数（Pearson's correlation coefficient）为 0.383，且达到显著（$p<0.001$）。

2. 与不同概率任务得分的相关

其次，以组合知识及各概率任务（即样本空间、概率比较、概率计算）为变量进行多元相关分析。结果显示，组合知识与样本空间、概率比较及概率计算三个概率任务得分之间的相关系数分别为 0.262、0.328 及 0.301，且均达到显著（$p<0.001$）。

二、直觉性因素

1. 与总分的相关

首先，以《古典概率测试》总分与直觉性因素为变量进行多元相关分析。结果显示，"随机性直觉""独立性直觉""可度量性直觉""规律性直觉"及"客观性直觉"与《古典概率测试》总分成正相关，其相关系数分别为0.264、0.210、0.247、0.190及0.229；"等可能性偏见"及"代表性启发"与《古典概率测试》总分成负相关，其相关系数分别为 -0.189 及 -0.248。上述相关系数均达到显著（$p<0.001$）。

2. 与不同概率任务得分的相关

其次，以不同概率任务（即样本空间、概率比较、概率计算）与直觉性因素为变量分别进行多元相关分析。结果显示，直觉性因素与样本空间任务得分之间的相关性未达显著（所有 $p>0.05$）；直觉性因素与概率比较任务得分之间的相关性均达显著（所有 $p<0.001$），其中"随机性直觉""独立性直觉""可度量性直觉""规律性直觉"及"客观性直觉"与概率比较任务得分成正相关（其相关系数分别为0.314、0.225、0.276、0.205及0.239），"等可能性偏见"及"代表性启发"与概率比较任务得分成负相关（其相关系数分别为 -0.196 及 -0.261）；直觉性因素与概率计算任务得分之间的相关性均达显著（所有 $p<0.001$），其中"随机性直觉""独立性直觉""可度量性直觉""规律性直觉"及"客观性直觉"与概率计算任务得分成正相关（其相关系数分别为0.236、0.201、0.200、0.169及0.233），"等可能性偏见"及"代表性启发"与概率计算任务得分成负相关（其相关系数分别为 -0.169 及 -0.222）。

值得提及的是，直觉性因素与学生在样本空间任务上的得分不存在显著性相关，这是符合理论预期的。在中小学数学课程中，样本空间虽然属于概率内容的组成部分（"样本空间"的概念在高中时才被正式引进教材，但中小学的概率内容已然渗透了这方面知识），但是它通常作为概率计算的知识基础。换言之，正如前文所分析的，组合知识与学生在样本空间任务上的得分存在显著性相关，由此可见该概念在更大程度上有赖于学生组合知识的发展，而与概率的直觉性因素关联不大。

第二节　学生学习表现与关涉因素的回归分析

一、组合知识

1. 组合知识对总分的回归

以组合知识为自变量，以学生《古典概率测试》总分为因变量进行回归分析。从"模型摘要"来看，组合知识与因变量《古典概率测试》总分之间的整体关系报告为 0.383。当对多重相关 R 进行平方时，组合知识可以解释因变量中 14.6% 的变异。校正后的 R^2 为 14.6%，与 14.6% 的样本 R^2 差别不大。当校正 R^2 接近样本报告的 R^2 时，表明样本和总体的拟合良好。因此我们可以认为，该模型能够解释 14.6% 的变异。

从 F 检验的结果来看，$F_{(1, 933)}=160.087$，$p<0.001$。这表明，该模型是可以被接受的。

从标准化系数（β 值）来看，组合知识对《古典概率测试》总分的贡献为正，其标准化系数（β 值）为 0.383。

综上所述，自变量"组合知识"对于学生《古典概率测试》总分而言是一个显著的预测源。简单回归分析的输出结果显示，学生《古典概率测试》总分中 14.6% 的变异可以被"组合知识"所解释；该线性回归模型显著（$p<0.001$）；回归系数为 0.678，$t=12.653$，$p<0.001$。

2. 组合知识对不同概率任务得分的回归

以组合知识为变量，分别以不同概率任务得分为因变量进行回归分析。从"模型摘要"来看，组合知识与样本空间任务得分、概率比较任务得分及概率计算任务得分之间的整体关系报告分别为 0.262、0.328 及 0.301。当对多重相关 R 进行平方时，组合知识可以分别解释上述因变量中 6.9%、10.8% 及 9.1% 的变异。校正后的 R^2 分别为 6.8%、10.7% 及 9.0%，与上述相应的 R^2 差别不大。当校正 R^2 接近样本报告的 R^2 时，表明样本和总体的拟合良好。因此我们可以认为，模型能够分别解释因变量样本空间任务得分、概率比较任务得分及概率计算任务得分 6.8%、10.7% 及 9.0% 的变异。

从 F 检验的结果来看，$F_{样本空间}(1, 933)=68.765$，$p<0.001$；$F_{概率比较}(1, 933)=112.384$，$p<0.001$；$F_{概率计算}(1, 933)=93.010$，$p<0.001$。这表明，上述模型是可以被接受的。

从标准化系数（β 值）来看，组合知识对三个概率任务总分的贡献均为正，其标准化系数（β 值）详见表 6-1。

表 6-1　组合知识对不同概率任务得分的回归系数及共线性系数

模型	因变量		非标准化系数		标准化系数		
			B	SE	β	t	Sig.
1	样本空间	（常数）	.177	.056	—	3.169	.002
		组合知识	.151	.018	.262	8.292	.000
2	概率比较	（常数）	1.539	.087	—	17.731	.000
		组合知识	.300	.028	.328	10.601	.000
3	概率计算	（常数）	1.405	.073	—	19.336	.000
		组合知识	.228	.024	.301	9.644	.000

综上所述，自变量"组合知识"对于三个概率任务得分而言均是一个显著的预测源。其中对于概率比较任务得分的预测力最大，对于概率计算任务得分的预测力次之，对于样本空间任务得分的预测力最小。

二、直觉性因素对古典概率测试表现的回归

1. 直觉性因素对总分的回归

以直觉性因素为自变量，以学生《古典概率测试》总分为因变量进行多元回归分析。柱状图和正态 P-P 图显示，因变量《古典概率测试》总分的残差基本符合正态分布。从"模型摘要"来看，七个预测因子（即"代表性启发""规律性直觉""等可能性偏见""可度量性直觉""随机性直觉""独立性直觉""客观

性直觉"）与《古典概率测试》总分之间的整体关系报告为 0.404。当对多重相关 R 进行平方时，七个预测因子可以解释因变量中 16.4% 的变异。校正后的 R^2 为 15.6%，与 16.4% 的样本 R^2 差别不大。当校正 R^2 接近样本报告的 R^2 时，表明样本和总体的拟合良好。因此我们可以认为，该模型能够解释 15.6% 的变异。

从 F 检验的结果来看，$F_{(7, 831)}=23.204$，$p<0.001$。这表明，该模型是可以被接受的。

从共线性系数来看，所有允差值均大于 0.20，所有 VIF 值均小于 4，均在合理范围之内。从标准化系数（β 值）来看，"规律性直觉""可度量性直觉""客观性直觉""随机性直觉"及"独立性直觉"对《古典概率测试》总分的贡献为正，其贡献大小分别为 0.138、0.130、0.125、0.059 及 0.053；"等可能性偏见"与"代表性启发"对古典概率测试总分的贡献为负，其贡献大小分别为 −0.129 与 −0.092。

用回归系数对因变量《古典概率测试》总分作出预测，其回归方程为：

《古典概率测试》总分 = −0.638+0.575（规律性直觉）+0.569（可度量性直觉）+ 0.472（客观性直觉）+0.268（随机性直觉）+0.242（独立性直觉）−0.509（等可能性偏见）−0.353（代表性启发）

表 6-2　直觉性因素对《古典概率测试》总分的回归系数及共线性系数

	非标准化系数		标准化系数		Sig.	共线性系数	
	B	SE	β	t		允差	VIF
（常数）	− .638	1.331	—	− .479	.632	—	—
随机性直觉	.268	.177	.059	1.510	.131	.666	1.502
独立性直觉	.242	.182	.053	1.329	.184	.623	1.605
可度量性直觉	.569	.156	.130	3.653	.000	.799	1.252
规律性直觉	.575	.146	.138	3.937	.000	.820	1.220
客观性直觉	.472	.154	.125	3.063	.002	.605	1.653
等可能性偏见	− .509	.132	− .129	− 3.845	.000	.890	1.124
代表性启发	− .353	.160	− .092	− 2.202	.028	.576	1.736

注：因变量为《古典概率测试》总分。

在上述回归模型中，自变量"随机性直觉"和"独立性直觉"的回归系数未达显著。为了构造最佳的回归方程模型以剔除回归效应不够显著的变量，研究者进一步对上述变量进行了逐步多元回归分析（Stepwise Multiple Regression Analysis）。逐步多元回归分析是一种探索性的复回归方法，它有效地克服了同时多元回归（强制进入法）时自变量回归系数显著性与相关系数可能存在的矛盾。例如，在相关分析时，自变量 X 与因变量 Y 存在显著性正相关，但在回归模型中自变量 X 的 β 系数却为负，甚至回归系数未达显著。采取逐步多元回归分析时，最终被选入模型的自变量对因变量的预测力均达显著，而回归系数未达显著的自变量则被剔除，由此实现了模型的优化。

从"模型摘要"来看，待剔除回归系数未达显著的自变量（"随机性直觉"和"独立性直觉"）后，预测因子与因变量《古典概率测试》总分之间的多元相关系数随模型 1 至模型 5 依次递增，分别是 0.265、0.337、0.363、0.385 及 0.399。具体而言，在模型 1 中，进入回归模型的自变量为"客观性直觉"，它能够解释因变量 6.9% 的变异；在模型 2 中，进入回归模型的自变量为"客观性直觉"和"可度量性直觉"，两者联合能够解释因变量 11.1% 的变异，且从模型 1 到模型 2 的变更量（$\Delta R^2 = 4.3\%$）达到显著（$p < 0.001$）；在模型 3 中，进入回归模型的自变量为"客观性直觉""可度量性直觉"及"等可能性偏见"，三者联合能够解释因变量 12.9% 的变异，且从模型 2 到模型 3 的变更量（$\Delta R^2 = 1.8\%$）达到显著（$p < 0.001$）；在模型 4 中，进入回归模型的自变量为"客观性直觉""可度量性直觉""等可能性偏见"及"规律性直觉"，上述预测因子联合能够解释因变量 14.4% 的变异，且从模型 3 到模型 4 的变更量（$\Delta R^2 = 1.6\%$）达到显著（$p < 0.001$）；在模型 5 中，进入回归模型的自变量为"客观性直觉""可度量性直觉""等可能性偏见""规律性直觉"及"代表性启发"，上述预测因子联合能够解释因变量 15.4% 的变异，且从模型 4 到模型 5 的变更量（$\Delta R^2 = 1.1\%$）达到显著（$p < 0.01$）。

从 F 检验的结果来看，五个模型的整体显著性检验的 F 值均达到显著性水平。具体而言，$F_{模型1}（1, 837）= 63.317, p < 0.001$；$F_{模型2}（2, 836）= 53.531, p < 0.001$；$F_{模型3}（3, 835）= 42.321, p < 0.001$；$F_{模型4}（4, 834）= 36.284, p < 0.001$；$F_{模型5}（5, 833）= 31.470, p < 0.001$。

从共线性系数来看，上述五个模型的允差值均大于 0.20，所有 VIF 值均小于 4，均在合理范围之内。从标准化系数（β 值）来看，"客观性直觉""规律性直觉"及"可度量性直觉"对《古典概率测试》总分的贡献为正，其贡献大小分别为 0.157、0.146 及 0.140；"等可能性偏见"及"代表性启发"对《古典概率测试》总分的贡献为负，其贡献大小分别为 −0.135 及 −0.125。

用回归系数对因变量《古典概率测试》总分作出预测，其回归方程为：

《古典概率测试》总分 =0.952 + 0.614（可度量性直觉）+ 0.610（规律性直觉）+ 0.593（客观性直觉）− 0.530（等可能性偏见）− 0.479（代表性启发）

表 6-3　直觉性因素对《古典概率测试》总分的逐步多元回归系数及共线性系数

模型		非标准化系数		标准化系数		Sig.	共线性系数	
		B	SE	β	t		允差	VIF
1	（常数）	.667	.521	—	1.279	.201	—	—
	客观性直觉	1.002	.126	.265	7.957	.000	1.000	1.000
2	（常数）	−2.048	.663	—	−3.087	.002	—	—
	客观性直觉	.907	.124	.240	7.312	.000	.985	1.015
	可度量性直觉	.919	.144	.209	6.383	.000	.985	1.015
3	（常数）	.193	.845	—	.228	.819	—	—
	客观性直觉	.808	.125	.214	6.467	.000	.951	1.052
	可度量性直觉	.889	.143	.203	6.235	.000	.983	1.017
	等可能性偏见	−.546	.130	−.139	−4.214	.000	.960	1.041
4	（常数）	−.954	.886	—	−1.077	.282	—	—
	客观性直觉	.832	.124	.220	6.710	.000	.949	1.054
	可度量性直觉	.660	.153	.150	4.326	.000	.844	1.185
	等可能性偏见	−.590	.129	−.150	−4.578	.000	.953	1.049
	规律性直觉	.575	.144	.138	3.988	.000	.855	1.170

（续表）

模型		非标准化系数		标准化系数		Sig.	共线性系数	
		B	SE	β	t		允差	VIF
5	（常数）	.952	1.06	—	.899	.369	—	—
	客观性直觉	.593	.144	.157	4.123	.000	.699	1.431
	可度量性直觉	.614	.152	.140	4.025	.000	.836	1.196
	等可能性偏见	− .530	.129	− .135	−4.092	.000	.934	1.071
	规律性直觉	.610	.144	.146	4.247	.000	.850	1.177
	代表性启发	− .479	.147	− .125	−3.248	.001	.682	1.466

注：因变量为《古典概率测试》总分。

2. 直觉性因素对不同概率任务得分的回归

为了构造最佳的回归方程模型以剔除回归效应不够显著的变量，以直觉性因素为自变量，分别以概率计算任务得分及概率比较任务得分为因变量（由于直觉性因素与样本空间任务得分之间的相关性未达显著，因此不对其进行回归分析），进行逐步多元回归分析。

首先，对直觉性因素与概率比较任务得分的回归关系进行分析。

从"模型摘要"来看，剔除回归系数未达显著的自变量（"独立性直觉"）后，预测因子与因变量概率比较任务得分之间的多元相关系数随模型 1 至模型 6 依次递增，分别是 0.308、0.358、0.396、0.416、0.431 及 0.438；预测因子对因变量概率比较任务得分的变异解释量依次递增，分别是 9.4%、12.6%、15.4%、16.9%、18.1% 及 18.6%。概言之，进入回归模型的自变量为"随机性直觉""可度量性直觉""等可能性偏见""客观性直觉""规律性直觉"及"代表性启发"，上述预测因子联合能够解释因变量 18.6% 的变异（$p<0.05$）。

从 F 检验的结果来看，六个模型的整体显著性检验的 F 值均达到显著性水平。具体而言，$F_{模型1}$（1，837）=87.945，$p<0.001$；$F_{模型2}$（2，836）=61.467，$p<0.001$；$F_{模型3}$（3，835）=51.876，$p<0.001$；$F_{模型4}$（4，834）=43.566，$p<0.001$；$F_{模型5}$（5，833）=38.110，$p<0.001$；$F_{模型6}$（4，834）=32.904，$p<0.001$。

从共线性系数来看，上述六个模型的允差值均大于 0.20，所有 VIF 值均小于 4，均在合理范围之内。从标准化系数（β 值）来看，"可度量性直觉""规律性直觉""随机性直觉"及"客观性直觉"对概率比较任务得分的贡献为正，其贡献大小分别为 0.140、0.136、0.135 及 0.120；"等可能性偏见"及"代表性启发"对概率比较任务得分的贡献为负，其贡献大小分别为 −0.143 及 −0.093。

表 6-4　直觉性因素对概率比较任务得分的逐步多元回归系数及共线性系数

模型		非标准化系数		标准化系数		Sig.	共线性系数	
		B	SE	β	t		允差	VIF
1	（常数）	−.717	.322	—	−2.228	.026	—	—
	随机性直觉	.717	.076	.308	9.378	.000	1.000	1.000
2	（常数）	−1.588	.352		−4.513	.000	—	—
	随机性直觉	.577	.079	.248	7.298	.000	.902	1.109
	可度量性直觉	.429	.076	.192	5.635	.000	.902	1.109
3	（常数）	−.353	.416	—	−.848	.397	—	—
	随机性直觉	.562	.078	.242	7.219	.000	.900	1.111
	可度量性直觉	.407	.075	.182	5.420	.000	.899	1.113
	等可能性偏见	−.343	.064	−.171	−5.351	.000	.994	1.006
4	（常数）	−1.033	.446	—	−2.313	.021	—	—
	随机性直觉	.412	.086	.177	4.793	.000	.727	1.376
	可度量性直觉	.417	.074	.186	5.606	.000	.898	1.114
	等可能性偏见	−.294	.065	−.146	−4.540	.000	.958	1.044
	客观性直觉	.276	.069	.143	3.983	.000	.767	1.303
5	（常数）	−1.481	.459	—	−3.224	.001	—	—
	随机性直觉	.360	.086	.155	4.166	.000	.707	1.414

模型		非标准化系数		标准化系数		Sig.	共线性系数	
		B	SE	β	t		允差	VIF
	可度量性直觉	.323	.078	.144	4.135	.000	.802	1.247
	等可能性偏见	−.312	.064	−.155	−4.850	.000	.952	1.051
	客观性直觉	.306	.069	.159	4.414	.000	.757	1.321
	规律性直觉	.269	.073	.127	3.694	.000	.832	1.202
6	（常数）	−.693	.563	—	−1.231	.219	—	—
	随机性直觉	.315	.088	.135	3.568	.000	.675	1.481
	可度量性直觉	.315	.078	.140	4.032	.000	.800	1.249
	等可能性偏见	−.288	.065	−.143	−4.435	.000	.929	1.076
	客观性直觉	.231	.076	.120	3.054	.002	.630	1.587
	规律性直觉	.289	.073	.136	3.950	.000	.822	1.217
	代表性启发	−.182	.076	−.093	−2.404	.016	.651	1.536

注：因变量为概率比较任务得分。

其次，对直觉性因素与概率计算任务得分的回归关系进行分析。

从"模型摘要"来看，剔除回归系数未达显著的自变量（"随机性直觉"及"独立性直觉"）后，预测因子与因变量概率计算任务得分之间的多元相关系数随模型1至模型5依次递增，分别是 0.262、0.310、0.342、0.356 及 0.366；预测因子对因变量概率计算任务得分的变异解释量依次递增，分别是 6.8%、9.4%、11.4%、12.2% 及 12.9%。概言之，进入回归模型的自变量为"客观性直觉""规律性直觉""等可能性偏见""可度量性直觉"及"代表性启发"，上述预测因子联合能够解释因变量 12.9% 的变异（$p<0.01$）。

从 F 检验的结果来看，五个模型的整体显著性检验的 F 值均达到显著性水平。具体而言，$F_{模型1}$（1，837）=61.671，$p<0.001$；$F_{模型2}$（2，836）=44.568，$p<0.001$；$F_{模型3}$（3，835）=36.836，$p<0.001$；$F_{模型4}$（4，834）=30.228，

$p<0.001$；$F_{模型 5}$（5，833）=25.791，$p<0.001$。

从共线性系数来看，上述五个模型的允差值均大于 0.20，所有 VIF 值均小于 4，均在合理范围之内。从标准化系数（β 值）来看，"客观性直觉""规律性直觉"及"可度量性直觉"对概率计算任务得分的贡献为正，其贡献大小分别为 0.171、0.142 及 0.099；"等可能性偏见"及"代表性启发"对概率计算任务得分的贡献为负，其贡献大小分别为 −0.126 及 −0.104。

表 6-5　直觉性因素对概率计算任务得分的逐步多元回归系数及共线性系数

模型		非标准化系数		标准化系数		Sig.	共线性系数	
		B	SE	β	t		允差	VIF
1	（常数）	.231	.223	—	1.036	.300	—	—
	客观性直觉	.423	.054	.262	7.853	.000	1.000	1.000
2	（常数）	−.801	.300	—	−2.672	.008	—	—
	客观性直觉	.427	.053	.265	8.048	.000	1.000	1.000
	规律性直觉	.297	.059	.167	5.065	.000	1.000	1.000
3	（常数）	.116	.362	—	.322	.748	—	—
	客观性直觉	.382	.054	.236	7.132	.000	.962	1.039
	规律性直觉	.312	.058	.175	5.382	.000	.996	1.004
	等可能性偏见	−.246	.056	−.146	−4.406	.000	.959	1.043
4	（常数）	−.282	.383	—	−.735	.463	—	—
	客观性直觉	.362	.054	.224	6.751	.000	.949	1.054
	规律性直觉	.241	.062	.135	3.862	.000	.855	1.170
	等可能性偏见	−.233	.056	−.139	−4.179	.000	.953	1.049
	可度量性直觉	.201	.066	.107	3.050	.002	.844	1.185

模型		非标准化系数		标准化系数		Sig.	共线性系数	
		B	SE	β	t		允差	VIF
5	（常数）	.399	.459	—	.869	.385	—	—
	客观性直觉	.277	.062	.171	4.441	.000	.699	1.431
	规律性直觉	.254	.062	.142	4.069	.000	.850	1.177
	等可能性偏见	−.212	.056	−.126	−3.769	.000	.934	1.071
	可度量性直觉	.185	.066	.099	2.796	.005	.836	1.196
	代表性启发	−.171	.064	−.104	−2.674	.008	.682	1.466

注：因变量为概率计算任务得分。

最后，用回归系数分别对因变量概率比较任务得分及概率计算任务得分作出预测，其回归方程分别为：

概率比较任务得分 = − 0.693 + 0.315（可度量性直觉）+ 0.315（随机性直觉）+ 0.289（规律性直觉）+ 0.231（客观性直觉）− 0.288（等可能性偏见）− 0.182（代表性启发）

概率计算任务得分 = 0.399 + 0.277（客观性直觉）+ 0.254（规律性直觉）+ 0.185（可度量性直觉）− 0.212（等可能性偏见）− 0.171（代表性启发）

第三节 学习进阶影响因素的路径分析

前文的相关分析和回归分析为本部分的路径分析提供了理论依据：相关分析通过全纳所有潜在的变量，考察了其与学生古典概率内容学习显著相关的因素，回归分析则进一步考察了上述因素对学生古典概率内容学习的贡献权重。在本部分，研究者将以前文析出的关键因素为变量，并结合具体实际适当调整和删减变量以构建古典概率内容学习进阶影响因素的路径模型。

关于调整和删减变量的依据，研究者作出如下说明：

第一，尽管通过相关分析和回归分析厘清了古典概率内容学习的关键变量，但是在本研究中，有些变量从理论上来看似乎不适合古典概率。为了尽可能客观地刻画学生古典概率内容学习进阶的最关键因素，研究者从知识逻辑的视角出发，适当地删减了若干关联不大的变量。

第二，有必要对"学习进阶的影响因素"和"学习的影响因素"作出区分，前者着眼于"哪些因素影响了学生从低阶概念向高阶概念的发展"，而后者着眼于"哪些因素影响了学生的学习表现"。显然，前者是本部分的考察目标，而后者实则为前文回归分析的考查目标。鉴于此，研究者在具体的影响路径考察时有必要删减若干变量——这些变量或许是影响学生概率内容学习的变量，但并非影响学生概率内容学习进阶的关键变量。

关于学习进阶影响因素的分析，研究者作出如下说明：

前文的结果显示，学生学习进阶的次序是概率比较→概率计算→样本空间，然而从知识逻辑上而言，"好"的学习进阶次序应该是样本空间→概率计算→概率比较（前文已对此进行了讨论）。两种学习进阶次序存在上述差异的原因在于，学生对样本空间的认知存在困难，他们通常缺乏必要的组合知识和策略[1, 2]。学生对概率比较的认知之所以走在了最前面，通常是由于其借助了不当的策略或朴素的直觉，因此这不足以说明其真的具备了概率比较的能力。鉴于以上分析，本部分有关概率内容学习进阶影响因素的探讨是基于"好"的学习进阶次序的。具体而言，研究者将具体探讨"哪些因素影响了学生从样本空间向概率比较的进阶""哪些因素影响了学生从样本空间向概率计算的进阶"及"哪些因素影响了学生从概率计算向概率比较的进阶"。除此之外，还将具体探讨其影响学生概率内容学习进阶的机制。

如前所述，本部分着眼于"哪些因素影响了学生从低阶概念向高阶概念的发展"（即学习进阶的影响因素），而不再是前文回归分析所探讨的"哪些因素影响了学生的学习表现"（即学习表现的影响因素）。由此，研究者在变量选取时并非将回归分析结果析出的变量全然纳入，而是从知识逻辑的视角适当选取若干有实际意义的关键变量进行考察。

在分析思路上，研究者在本部分先后进行了两个阶段的具体工作。第一阶段，研究者尝试对模型进行复杂化探索，对具备实际意义的潜在变量作全纳分析，以考察上述全模型的拟合指标和路径系数的显著性。第二阶段，研究者在上述全模型研究的基础上，根据拟合指标和路径系数的显著性指标，对部分路径进行适当删减，以实现对全模型的优化完善。

一、从"样本空间"向"概率比较"进阶的关键影响因素及其路径探索

1. 模型 1（全模型）

（1）理论假设

从知识逻辑上看，样本空间是概率比较的知识基础，但学生常常难以将样本空间与概率比较建立联系。即便学生能够理解样本空间，但他们常常

[1] Batanero C, Navarro P V & Godino J D. Effect of the implicit combinatorial model on combinatorial reasoning in secondary school pupils [J]. Educational Studies in Mathematics, 1997, 32 (2): 181–199.

[2] Fischbein E & Grossman A. Schemata and intuitions in combinatorial reasoning [J]. Educational Studies in Mathematics, 1997, 34 (1): 27–47.

不能意识到这是概率比较或概率计算的依据。这可以从两个角度进行解读：其一，在面临概率比较问题时，学生头脑中的不良直觉又开始作祟（不再赘述）；其二，在面临概率比较问题时，学生常常放弃理论推演而给出"无法确定"的判断，认为"概率是难以捉摸、无法度量和计算的"，这是缺乏"可度量性直觉"的典型表现[1-3]。除此之外，有的学生会认为"概率是由人的主观决定的"，这是缺乏"客观性直觉"的典型表现[4]。

可见，在面临概率比较任务时，不仅学生头脑中持有的"等可能性偏见"和"代表性启发"会影响学生进行正确的概率比较，其对于概率可度量性和客观性的认知也是不可忽视的影响因素。鉴于以上讨论，在全模型中，研究者将"等可能性偏见""代表性启发""可度量性直觉"及"客观性直觉"这四个因素作为学生从样本空间向概率比较进阶的影响因素，并提出如下假设：

H₁：样本空间的学习对概率比较的学习有直接的正向影响；

H₂："可度量性直觉"可以部分中介样本空间与概率比较的关系；

H₃："客观性直觉"可以部分中介"样本空间"与"概率比较"的关系；

H₄："等可能性偏见"可以部分中介"样本空间"与"概率比较"的关系；

H₅："代表性启发"可以部分中介"样本空间"与"概率比较"的关系；

H₆："可度量性直觉"与"等可能性偏见"链式中介"样本空间"与"概率比较"的关系；

H₇："可度量性直觉"与"代表性启发"链式中介"样本空间"与"概率比较"的关系；

H₈："客观性直觉"与"等可能性偏见"链式中介"样本空间"与"概率比

[1] Savard A. Simulating the risk without gambling: can student conceptions generate critical thinking about probability? [R]. Paper presented at the international conference on teaching statistic (ICOTS 8), Ljubljana, Slovenia, 2010, July 5–9.

[2] Vahey P. Learning probability through the use of a collaborative, inquiry-based simulation environment [J]. Interactive Learning Research, 2000, 11 (1): 51–84.

[3] 李俊. 中小学概率的教与学 [M]. 上海：华东师范大学出版社，2003.

[4] Watson J M & Moritz J B. The development of comprehension of chance language: Evaluation and interpretation [J]. School Science and Mathematics, 2003, 103 (2): 65–80.

较"的关系；

H₉："客观性直觉"与"代表性启发"链式中介"样本空间"与"概率比较"的关系。

（2）模型建构

将样本空间作为影响概率比较的直接变量（X），将"可度量性直觉"（M_{i_1}）和"客观性直觉"（M_{i_2}）作为第一层中介变量，将"等可能性偏见"（M_{j_1}）和"代表性启发"（M_{j_2}）作为第二层中介变量。

样本空间对概率比较的直接效果（$X \rightarrow Y$）记为d'；"样本空间"对"可度量性直觉"和"客观性直觉"的直接效果分别记为a_1和a_2，对"等可能性偏见"和"代表性启发"的直接效果分别记为a_3和a_4；"可度量性直觉"对"等可能性偏见"和"代表性启发"的直接效果分别记为b_1和b_2，对"概率比较"的直接效果记为b_3；"客观性直觉"对"等可能性偏见"和"代表性启发"的直接效果分别记为b_4和b_5，对"概率比较"的直接效果记为b_6；"等可能性偏见"对"概率比较"的直接效果记为c_1；"代表性启发"对"概率比较"的直接效果记为c_2。则有：

$$M_{i_1}=i_{M_{i_1}}+a_1X+e_{M_{i_1}};$$

$$M_{i_2}=i_{M_{i_2}}+a_2X+e_{M_{i_2}};$$

$$M_{j_1}=i_{M_{j_1}}+a_3X+b_1M_{i_1}+b_4M_{i_2}+e_{M_{j_1}};$$

$$M_{j_2}=i_{M_{j_1}}+a_4X+b_2M_{i_1}+b_5M_{i_2}+e_{M_{j_2}};$$

$$Y=i_Y+d'X+b_3M_{i_1}+b_6M_{i_2}+c_1M_{j_1}+c_2M_{j_2}+e_Y。$$

（3）模型的路径系数

以"样本空间"为自变量，以"可度量性直觉"和"客观性直觉"为第一层中介变量，以"等可能性偏见"和"代表性启发"为第二层中介变量，以"概率比较"为因变量进行路径分析。非标准化系数表明：并非全模型中的所有路径系数都达到显著性水平。具体而言，不显著的有：路径"样本空间→可度量性直觉"的系数（$p=0.120$），路径"可度量性直觉→等可能性偏见"的系数（$p=0.287$），路径"样本空间→代表性启发"的系数（$p=0.260$），路径"可度量性直觉→代表性启发"的系数（$p=0.835$），路径"可度量性直觉→概率比较"的系数（$p=0.091$），路径"客观性直觉→概率比较"的系数（$p=0.239$），路径"代表性启发→概率比较"的系数（$p=0.759$）。

（4）模型配适度

模型的卡方自由度比值（x^2/df）小于 4，拟合指数 NFI、RFI、IFI、TLI 及 CFI 均大于 0.9，RMSEA 小于 0.08，符合评价标准，说明模型的拟合效果良好。各项拟合指标详见表 6-6。

表 6-6　模型 1（全模型）的拟合指数

指数名称	x^2/df	NFI	RFI	IFI	TLI	CFI	RMSEA	PNFI
拟合指数	3.333	.940	.911	.957	.936	.957	0.049	0.636
评价标准	<4	>.90	>.90	>.90	>.90	>.90	<.08	>0.5

2. 模型 2（优化模型）

（1）理论假设

在"全模型"的理论假设下，路径分析显示部分路径系数未达显著。通过删除系数未达显著的路径，研究者提出如下假设：

H_1："样本空间"的学习对"概率比较"的学习有直接的正向影响；

H_2："等可能性偏见"可以部分中介"样本空间"与"概率比较"的关系，即"样本空间"的学习可以通过消除"等可能性偏见"来间接影响"概率比较"的学习；

H_3："客观性直觉"与"等可能性偏见"链式中介"样本空间"与"概率比较"的关系，即"样本空间"的学习可以通过促进"客观性直觉"来消除"等可能性偏见"，从而间接影响"概率比较"的学习；

H_4："客观性直觉"与"代表性启发"链式中介"样本空间"与"概率比较"的关系，即"样本空间"的学习可以通过促进"客观性直觉"来消除"代表性启发"，从而间接影响"概率比较"的学习。

（2）模型建构

将"样本空间"作为影响"概率计算"的直接变量（X），将"等可能性偏

145

见"（M_1）、"客观性直觉"（M_2）及"代表性启发"（M_3）作为影响"概率比较"的间接变量。

将"样本空间"对"概率比较"的直接效果（$X \rightarrow Y$）记为c'；"样本空间"对"等可能性偏见"和"客观性直觉"的直接效果分别记为a_1和a_2；"客观性直觉"对"等可能性偏见"和"代表性启发"的直接效果分别记为b_1和b_2；"等可能性偏见"对"概率比较"的直接效果记为d_1；"代表性启发"对"概率比较"的直接效果记为d_2。则有：

$$M_1 = i_{M_1} + a_1 X + b_1 M_2 + e_{M_1};$$

$$M_2 = i_{M_2} + a_2 X + e_{M_2};$$

$$M_3 = i_{M_3} + b_2 M_2 + e_{M_3};$$

$$Y = i_Y + c'X + d_1 M_1 + d_2 M_3 + e_Y。$$

（3）模型的路径系数拟合指标

以"样本空间"为自变量，以"客观性直觉""等可能性偏见"及"代表性启发"为中介变量，以"概率比较"为因变量进行路径分析，其结果如图6-1和表6-7所示。非标准化系数表明：模型中的所有路径系数都达到显著性水平。

标准化系数表明："样本空间"对"客观性直觉"有显著的直接正向影响（$a_2 = 0.304$，$p < 0.001$），对"等可能性偏见"有显著的直接负向影响（$a_1 = -0.171$，$p < 0.01$），对"概率比较"有显著的直接正向影响（$c' = 0.244$，$p < 0.001$）；"等可能性偏见"对"概率比较"有显著的直接负向影响（$d_1 = -0.169$，$p < 0.01$）；"客观性直觉"对"等可能性偏见"（$b_1 = -0.320$，$p < 0.001$）及"代表性启发"（$b_2 = -0.921$，$p < 0.001$）有显著的直接负向影响；"代表性启发"对"概率比较"有显著的直接负向影响（$d_2 = -0.222$，$p < 0.001$）。

"样本空间"通过"等可能性偏见"（$a_1 d_1 = 0.029$，$p < 0.001$）对"概率比较"有显著的间接正向影响；"样本空间"通过"客观性直觉"→"等可能性偏见"对"概率比较"有显著的正向链式中介作用（$a_2 b_1 d_1 = 0.016$，$p < 0.001$）；"样本空间"通过"客观性直觉"→"代表性启发"对"概率比较"有显著的正向链式

中介作用（$a_2b_2d_2=0.062$，$p<0.001$）。

整体而言，"样本空间"对"概率比较"的直接影响（$Eff_{直接}=0.244$，$p<0.001$，效应量为 69.5%）及间接影响（$Eff_{间接}=0.107$，$p<0.001$，效应量为 30.5%）均达到显著。在三条间接影响路径中，通过"客观性直觉"→"代表性启发"的影响最大（其效应量为 17.7%），通过"等可能性偏见"的影响次之（其效应量为 8.3%），通过"客观性直觉"→"等可能性偏见"的影响最小（其效应量为 4.6%）。

以上结果表明："客观性直觉"是影响学生进行"概率比较"的关键性正向因素，而"等可能性偏见"和"代表性启发"则是影响学生进行"概率比较"的关键性负向因素。"样本空间"概念的加深能够积极消除"等可能性偏见"，从而提升学生的"概率比较"能力；"样本空间"概念的加深能够积极促进学生对于（古典）概率的"客观性直觉"，由此能够积极消除其"等可能性偏见"和"代表性启发"，从而提升其"概率比较"的能力。从影响效应来看，"样本空间"对"概率比较"的直接影响最大，其效应量占总效应的 70% 左右。尤其值得注意的是，"样本空间"通过促进"客观性直觉"能够十分有效地消除"代表性启发"（其标准化路径系数达到 −0.921），并且该路径在其延伸段（即"代表性启发"→"概率比较"）还能够对"概率比较"产生积极影响（延伸段的标准化路径系数为 −0.222，该路径的总体效应量为 17.7%）。

模型 2 告诉我们："客观性直觉"是"样本空间"与"概率比较"的重要中介变量，这意味着学生在具备样本空间知识的前提下，能够较好地发展"客观性直觉"，并且该直觉的发展能够有效消除其"等可能性偏见"和"代表性启发"，而这对于其"概率比较"有积极影响。可见，在发展学生概率比较知识和能力的道路上，我们一方面要加强其对样本空间概念的理解，另一方面还要帮助其认识到"古典概率是客观的，且是可以被度量的"，在此基础上帮助其消除"等可能性偏见"和"代表性启发"。

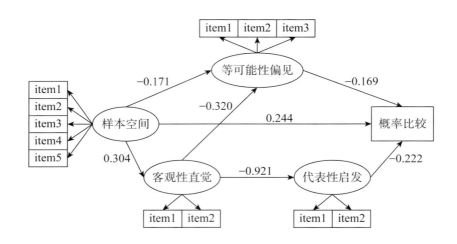

图 6-1　模型 2（优化模型）的路径关系及标准化系数（残差项略）

表 6-7　模型 2（优化模型）的标准化系数及效应量

影响路径	直接效应	间接效应	效应量
样本空间→客观性直觉	0.304***		
样本空间→等可能性偏见	−0.171**		
客观性直觉→等可能性偏见	−0.320***		
客观性直觉→代表性启发	−0.921***		
样本空间→概率比较	0.244***		
等可能性偏见→概率比较	−0.169**		
代表性启发→概率比较	−0.222***		
直接效应：样本空间→概率比较	0.244***	—	69.5%
间接效应 1：样本空间→等可能性偏见→概率比较	—	0.029***	8.3%
间接效应 2：样本空间→客观性直觉→等可能性偏见→概率比较	—	0.016***	4.6%
间接效应 3：样本空间→客观性直觉→代表性启发→概率比较	—	0.062***	17.7%
总效应（样本空间→概率比较）：0.351			

（4）模型配适度

模型的卡方自由度比值（x^2/df）小于 4，拟合指数 NFI、RFI、IFI、TLI 及 CFI 均大于 0.9，RMSEA 小于 0.08，符合评价标准，说明模型的拟合效果良好。各项拟合指标详见表 6-8。

表6-8　模型2（优化模型）的拟合指数

指数名称	x^2/df	NFI	RFI	IFI	TLI	CFI	RMSEA	PNFI
拟合指数	2.454	.970	.954	.982	.972	.982	0.038	0.629
评价标准	<4	>.90	>.90	>.90	>.90	>.90	<.08	>0.5

二、从"样本空间"向"概率计算"进阶的关键影响因素及其路径探索

1. 模型 3（全模型）

（1）理论假设

从知识逻辑上看，样本空间是概率计算的知识基础，但学生常常难以将样本空间与概率计算建立联系。即便学生能够理解样本空间，他们也常常不能意识到这是概率计算的依据。这可以从两个角度进行解读：其一，在面临概率计算问题时，由于学生缺乏对古典概率可度量性和客观性的认知，即便他们能够构建精确的样本空间，也难以据此进行概率计算。其二，在面临概率计算问题时，学生头脑中的"等可能性偏见"也是导致其得出"二者概率相等"结论的重要原因。有研究表明，在"摸球"游戏的概率比较任务中，学生选择等可能的判断理由中近乎一半源自"等可能性偏见"[1]。此外，持有"代表性启发"的学生会认为"摸到'1 个黑球和 1 个白球'的概率更大，所以它起码会超过 $\frac{1}{2}$"。可见，"等可能性偏见"和"代表性启发"也是影响概率计算的两个负向因素。

鉴于以上讨论，在全模型中，将"可度量性直觉""客观性直觉""等可能性偏见"及"代表性启发"这四个因素作为学生从"样本空间"向"概率比较"

[1] 何声清，巩子坤．7—9 年级学生概率认知中的"等可能性偏见"研究 [J]．数学通报，2017，56（6）：13-17．

进阶的影响因素，并提出如下假设：

H_1："样本空间"的学习对"概率计算"的学习有直接的正向影响；

H_2："可度量性直觉"可以部分中介"样本空间"与"概率计算"的关系；

H_3："客观性直觉"可以部分中介"样本空间"与"概率计算"的关系；

H_4："等可能性偏见"可以部分中介"样本空间"与"概率计算"的关系；

H_5："代表性启发"可以部分中介"样本空间"与"概率计算"的关系；

H_6："可度量性直觉"与"等可能性偏见"链式中介"样本空间"与"概率计算"的关系；

H_7："可度量性直觉"与"代表性启发"链式中介"样本空间"与"概率计算"的关系；

H_8："客观性直觉"与"等可能性偏见"链式中介"样本空间"与"概率计算"的关系；

H_9："客观性直觉"与"代表性启发"链式中介"样本空间"与"概率计算"的关系。

（2）模型建构

将"样本空间"作为影响"概率计算"的直接变量（X），将"可度量性直觉"（M_{i_1}）和"客观性直觉"（M_{i_2}）作为第一层中介变量，将"等可能性偏见"（M_{j_1}）和"代表性启发"（M_{j_2}）作为第二层中介变量。

将"样本空间"对"概率计算"的直接效果（$X \rightarrow Y$）记为d'；"样本空间"对"可度量性直觉"和"客观性直觉"的直接效果分别记为a_1和a_2，对"等可能性偏见"和"代表性启发"的直接效果分别记为a_3和a_4；"可度量性直觉"对"等可能性偏见"和"代表性启发"的直接效果分别记为b_1和b_2，对"概率计算"的直接效果记为b_3；"客观性直觉"对"等可能性偏见"和"代表性启发"的直接效果分别记为b_4和b_5，对"概率计算"的直接效果记为b_6；"等可能性偏见"对"概率计算"的直接效果记为c_1；"代表性启发"对"概率计算"的直接效果记为c_2。则有：

$$M_{i_1} = i_{M_{i_1}} + a_1 X + e_{M_{i_1}};$$

$$M_{i_2} = i_{M_{i_2}} + a_2 X + e_{M_{i_2}};$$

$$M_{f_1} = i_{M_{f_1}} + a_3 X + b_1 M_{i_1} + b_4 M_{i_2} + e_{M_{f_1}};$$

$$M_{f_2} = i_{M_{f_1}} + a_4 X + b_2 M_{i_1} + b_5 M_{i_2} + e_{M_{f_2}};$$

$$Y = i_Y + d'X + b_3 M_{i_1} + b_6 M_{i_2} + c_1 M_{f_1} + c_2 M_{f_2} + e_Y。$$

（3）模型的路径系数和效应量

以"样本空间"为自变量，以"可度量性直觉"和"客观性直觉"为第一层中介变量，以"等可能性偏见"和"代表性启发"为第二层中介变量，以"概率计算"为因变量进行路径分析。非标准化系数表明：并非全模型中的所有路径系数都达到显著性水平。具体而言，不显著的有：路径"样本空间→可度量性直觉"的系数（$p=0.076$），路径"可度量性直觉→等可能性偏见"的系数（$p=0.462$），路径"样本空间→代表性启发"的系数（$p=0.365$），路径"可度量性直觉→代表性启发"的系数（$p=0.593$），路径"代表性启发→概率计算"的系数（$p=0.421$），路径"客观性直觉→概率计算"的系数（$p=0.141$）。

（4）模型配适度

模型的卡方自由度比值（x^2/df）小于4，拟合指数 NFI、RFI、IFI、TLI 及 CFI 均大于 0.9，RMSEA 小于 0.08，符合评价标准，说明模型的拟合效果良好。各项拟合指标详见表6-9。

表6-9　模型3（全模型）的拟合指数

指数名称	x^2/df	NFI	RFI	IFI	TLI	CFI	RMSEA	PNFI
拟合指数	3.319	.939	.910	.957	.935	.956	0.049	0.635
评价标准	<4	>.90	>.90	>.90	>.90	>.90	<.08	>0.5

2. 模型4（优化模型）

（1）模型假设

在"全模型"的理论假设下，路径分析显示部分路径系数未达显著。通过删除系数未达显著的路径，研究者提出如下假设：

H_1："样本空间"的学习对"概率计算"的学习有直接的正向影响；

H_2："可度量性直觉"可以部分中介"样本空间"与"概率计算"的关系，

即"样本空间"的学习可以通过促进"可度量性直觉"来间接影响"概率计算"的学习；

H₃："等可能性偏见"可以部分中介"样本空间"与"概率计算"的关系，即"样本空间"的学习还可以通过消除"等可能性偏见"来间接影响"概率计算"的学习；

H₄："客观性直觉"与"等可能性偏见"链式中介"样本空间"与"概率计算"的关系，即"样本空间"的学习还可以通过促进"客观性直觉"来消除"等可能性偏见"，从而间接影响"概率计算"的学习。

（2）模型建构

将"样本空间"作为影响"概率计算"的直接变量（X），将"可度量性直觉"和"客观性直觉"作为影响"概率计算"的第一层间接变量（分别标记为 M_{i_1} 和 M_{i_2}），将"等可能性偏见"作为影响"概率计算"的第二层变量（标记为 M_2）。

将"样本空间"对"概率计算"的直接效果（$X \rightarrow Y$）记为 c'；"样本空间"对"可度量性直觉"和"客观性直觉"的直接效果分别记为 a_{i_1} 和 a_{i_2}，对"等可能性偏见"的直接效果记为 a_2；"可度量性直觉"对"概率计算"的直接效果记为 b_1；"客观性直觉"对"等可能性偏见"的直接效果记为 d_{21}；"等可能性偏见"对"概率计算"的直接效果记为 b_2。则有：

$$M_{i_1} = i_{M_{i_1}} + a_{i_1} X + e_{M_{i_1}};$$

$$M_{i_2} = i_{M_{i_2}} + a_{i_1} X + e_{M_{i_2}};$$

$$M_2 = i_{M_2} + a_2 X + d_{21} M_{i_2} + e_{M_2};$$

$$Y = i_Y + c' X + b_1 M_{i_1} + b_2 M_2 + e_Y。$$

（3）模型的路径系数和效应量

以"样本空间"为自变量，以"可度量性直觉"及"客观性直觉"为第一层中介变量，以"等可能性偏见"为第二层中介变量，以"概率计算"为因变量进行路径分析，其标准化系数如图6-2、表6-10所示。非标准化系数表明：模型中的所有路径系数都达到显著性水平。

标准化系数表明："样本空间"对"可度量性直觉"（$a_{i_1}=0.287$，$p<0.01$）及"客观性直觉"（$a_{i_2}=0.265$，$p<0.001$）均有显著的直接正向影响，对"等可能性偏见"有显著的直接负向影响（$a_2=-0.195$，$p<0.001$），对"概率计算"有显著的直接正向影响（$c'=0.165$，$p<0.001$）；"可度量性直觉"对"概率计算"有显著的直接正向影响（$b_1=0.301$，$p<0.01$）；"等可能性偏见"对"概率计算"有显著的直接负向影响（$b_2=-0.265$，$p<0.001$）；"客观性直觉"对"等可能性偏见"有显著的直接负向影响（$d_{21}=-0.286$，$p<0.001$）。

"样本空间"通过"可度量性直觉"（$a_1b_1=0.086$，$p<0.001$）及"客观性直觉"（$a_2b_2=0.052$，$p<0.001$）对"概率计算"有显著的间接正向影响；"样本空间"通过"客观性直觉"→"等可能性偏见"对"概率计算"有显著的正向链式中介作用（$a_{i_1}d_{21}b_2=0.020$，$p<0.001$）。

整体而言，"样本空间"对"概率计算"的直接影响（$Eff_{直接}=0.165$，$p<0.001$，效应量为 51.1%）及间接影响（$Eff_{间接}=0.158$，$p<0.001$，效应量为 48.9%）均达到显著。在三条间接影响路径中，通过"可度量性直觉"的影响最大（其效应量为 26.6%），通过"等可能性偏见"的影响次之（其效应量为 16.1%），通过"客观性直觉"→"等可能性偏见"的影响最小（其效应量为 6.2%）。

以上结果表明："可度量性直觉"和"客观性直觉"均是影响学生进行概率计算的关键性正向因素，而"等可能性偏见"则是影响学生进行概率计算的关键性负向因素。样本空间概念的加深能够积极促进"可度量性直觉"，从而进一步提升学生的概率计算能力；样本空间概念的加深能够积极消除"等可能性偏见"，从而提升学生的概率计算能力；样本空间概念的加深还能够积极促进"客观性直觉"，由此能够积极消除"等可能性偏见"，从而提升学生的概率计算能力。从影响效应来看，样本空间对概率计算的直接影响与间接影响几乎平分秋色（直接影响略大），这说明样本空间概念的发展对学生概率计算的学习至关重要；培养学生对概率的"可度量性直觉"及"客观性直觉"也不可或缺。

154

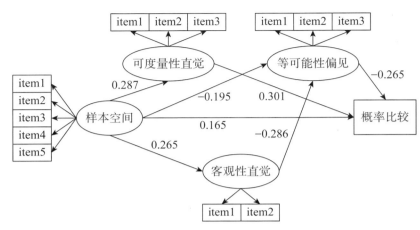

图 6-2　模型 4（优化模型）的路径关系及标准化系数（残差项略）

表 6-10　模型 4（优化模型）的标准化系数及效应量

影响路径	直接效应	间接效应	效应量
样本空间→可度量性直觉	0.287**		
样本空间→客观性直觉	0.265***		
样本空间→等可能性偏见	−0.195***		
可度量性直觉→概率计算	0.301**		
客观性直觉→等可能性偏见	−0.286***		
等可能性偏见→概率计算	−0.265***		
直接效应：样本空间→概率计算	0.165***	—	51.1%
间接效应1：样本空间→可度量性直觉→概率计算	—	0.086***	26.6%
间接效应2：样本空间→等可能性偏见→概率计算	—	0.052***	16.1%
间接效应3：样本空间→客观性直觉→等可能性偏见→概率计算	—	0.020***	6.2%
总效应（样本空间→概率计算）：0.323			

（4）模型配适度

模型的卡方自由度比值（x^2/df）小于 4，拟合指数 *NFI*、*RFI*、*IFI*、*TLI* 及 *CFI* 均大于 0.9，*RMSEA* 小于 0.08，符合评价标准，说明模型的拟合效果良好。各项拟合指标详见表 6-11。

表 6-11　模型 4（优化模型）的拟合指数

指数名称	x^2/df	NFI	RFI	IFI	TLI	CFI	RMSEA	PNFI
拟合指数	3.522	.943	.916	.959	.939	.958	0.051	0.638
评价标准	<4	>.90	>.90	>.90	>.90	>.90	<.08	>0.5

三、从"概率计算"向"概率比较"进阶的关键影响因素及其路径探索

1. 模型 5（初步模型）

（1）理论假设

概率计算和概率比较通常是相依的：会概率计算的学生理应会概率比较。然而学生端的表现并非如此。如前所述，在面临概率比较任务时，"等可能性偏见"和"代表性启发"是两个关键性的负向因素。有研究指出，学生关于概率的错误概念和不良直觉通常是根深蒂固的[1]。这提示我们：即便学生能够计算出两个结果的概率大小，他们在面临"概率比较"任务时，也有可能会忽略此前的计算结果。鉴于以上分析，研究者提出如下假设：

H_1："概率计算"的学习对"概率比较"的学习有直接的正向影响；

H_2："等可能性偏见"可以部分中介"概率计算"与"概率比较"的关系；

H_3："代表性启发"可以部分中介"概率计算"与"概率比较"的关系。

（2）模型建构

将"概率计算"作为影响"概率比较"的直接变量（X），将"等可能性偏见"和"代表性启发"作为影响"概率比较"的间接变量（分别标记为 M_1 和 M_2）。

将"概率计算"对"概率比较"的直接效果（$X \rightarrow Y$）记为 c'；"概率计算"对中介变量的直接效果（$X \rightarrow M_i$）记为 a_i；中介变量对"概率比较"的直接效果（$M_i \rightarrow Y$）记为 b_i（i=1 或 2），则有：

[1] Lecoutre M P. Cognitive models and problem spaces in "purely random" situations [J]. Educational Studies in Mathematics, 1992, 23 (6): 557–568.

$$M_i=i_{M_i}+a_iX+e_{M_i};$$

$$Y=i_Y+c'X+\sum_{i=1}^{2}b_iM_i+e_Y。$$

（3）模型的路径系数和效应量

以"概率计算"为自变量，以"等可能性偏见"及"代表性启发"为中介变量，以"概率比较"为因变量进行路径分析。非标准化系数表明：全模型中的所有路径系数都达到显著性水平。若严苛考量路径的显著性水平，路径"等可能性偏见→概率比较"的系数显著性水平略弱（$p=0.032<0.05$）。

标准化系数表明："概率计算"对"等可能性偏见"（$a_1=-0.286$，$p<0.001$）及"代表性启发"（$a_2=-0.283$，$p<0.001$）均有显著的直接负向影响，对"概率比较"有显著的直接正向影响（$c'=0.611$，$p<0.001$）；"代表性启发"对"概率比较"有显著的直接负向影响（$b_2=-0.147$，$p<0.001$）；相对而言，尽管"等可能性偏见"对"概率比较"也有显著的直接负向影响，但其路径系数较低（$b_1=-0.080$，$p<0.05$）。

模型的卡方自由度比值为 7.167（$x^2/df=7.167>4$）；拟合指数 $NFI=0.928$，$RFI=0.818$，$IFI=0.938$，$TLI=0.839$，$CFI=0.937$；$RMSEA=0.079$（趋近于 0.08）。以上结果说明，该模型的拟合效果较好，但仍需要进一步改进。

2. 模型 6（优化模型）

在"初步模型"的理论假设下，路径"'等可能性偏见'→'概率计算'"的系数偏低，勉强达到显著，这提示我们可以考虑删除该路径。从理论上说，会概率计算的学生，"等可能性偏见"也不大可能会出现。研究者提出如下假设：

H_1："概率计算"的学习对"概率比较"的学习有直接的正向影响；

H_2："代表性启发"可以部分中介"概率计算"与"概率比较"的关系。

将"概率计算"作为影响"概率比较"的直接变量（X），将"代表性启发"作为影响"概率比较"的间接变量（M）。将"概率计算"对"概率比较"的直接效果（$X \rightarrow Y$）记为 c'；"概率计算"对中介变量的直接效果（$X \rightarrow M$）记为 a；中介变量对"概率比较"的直接效果（$M \rightarrow Y$）记为 b，则有：

$$M=i_M+aX+e_M;$$

$$Y=i_Y+c'X+bM+e_Y。$$

模型 6 的标准化结果如图 6-3 和表 6-12 所示。非标准化系数表明：模型中的所有路径系数都达到显著性水平。

标准化系数表明："概率计算"对"代表性启发"（$a=-0.283$，$p<0.001$）有显著的直接负向影响，对"概率比较"有显著的直接正向影响（$c'=0.630$，$p<0.001$）；"代表性启发"对"概率比较"有显著的直接负向影响（$b=-0.159$，$p<0.001$）。

整体而言，"概率计算"对"概率比较"的直接影响（$Eff_{直接}=0.630$，$p<0.001$，效应量为 93.3%）及间接影响（$Eff_{间接}=0.045$，$p<0.001$，效应量为 6.7%）均达到显著。可见，概率计算能力的发展是学生进行概率比较的重要前提。但是，尽管学生具备了概率计算的能力，但"代表性启发"依然是影响其从概率计算向概率比较进阶的关键性负向因素。

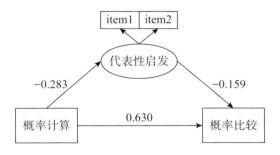

图 6-3　模型 6（优化模型）的路径关系及标准化系数（残差项略）

表 6-12　模型 6（优化模型）的标准化系数及效应量

影响路径	直接效应	间接效应	效应量
概率计算→概率比较	0.630***		
概率计算→代表性启发	-0.283***		
代表性启发→概率比较	-0.159***		
直接效应：概率计算→概率比较	0.630***	—	93.3%
间接效应：概率计算→代表性启发→概率比较	—	0.045***	6.7%
总效应（概率计算→概率比较）：0.675			

四、学习进阶的影响因素模型整合

1. 将"组合知识"纳入影响因素模型

前文经过相关分析、回归分析、路径分析等环节，逐步厘清了学生古典概率内容学习进阶的影响因素及其机制：在相关分析环节，初步厘清了与学生概率内容学习表现相关的若干变量；在回归分析环节，经过同时多元回归分析和逐步多元回归分析进一步厘清了上述变量对学生概率内容学习表现的贡献权重；在路径分析环节，经过理论假设、模型构建、拟合指标分析、模型优化等，逐步厘清了学生概率内容学习进阶的影响因素及其机制。

在本部分，研究者将上述分析进行整合，以构建学生古典概率内容学习进阶的影响因素模型全景。

如前所述，在《古典概率测试》完成几天之后，研究者组织所有被试又接受了一次《组合知识问卷》调查。关于《组合知识问卷》的具体设计详见第四章，这里不再赘述。

研究者对学生在两次测试（即《古典概率测试》和《组合知识问卷》）中样本空间任务上的得分进行配对样本 t 检验，结果如表 6-13 所示。我们发现，若将《古典概率测试》中所有的球作标记，则学生构建样本空间的能力有了显著提升：标记组与未标记组在样本空间任务上的得分之差（$\Delta_{标记组-未标记组}$）为 2.16，且两者差异达到统计意义上的显著（$p<0.001$）。可见，当消除了学生组合推理中的无关干扰（即"重复"样本）时，学生的组合推理能力实则处于较高的水平，而学生组合知识的提升对其在样本空间任务上的作答表现也有十分显著的积极影响。

表 6-13　同组学生在两次测试中样本空间任务得分的配对样本 t 检验

变量	M	SD	t	df	p
同组学生得分比较			−22.916	934	.000
未标记	0.50	1.255			
标记	2.16	2.183			
$\Delta_{标记组-未标记组}$=1.66					

2. 学生学习进阶影响因素及其机制模型整合

当纳入"组合知识"这一变量时，研究者将前文路径分析环节所涉及的影响机制模型进行整合，以构建学生古典概率内容学习进阶的影响机制模型全景。

该模型总结如下：

第一，在较复杂的古典概率问题中，学生的组合知识是其理解和构造样本空间的知识基础。从知识发展的序列来看，组合知识的渗透应走在学生学习"用列举法求概率"之前。

第二，样本空间概念的加深能够积极促进"可度量性直觉"，并能据此进一步提升学生的概率计算能力；样本空间概念的加深能够积极消除"等可能性偏见"，并能据此提升学生的概率计算能力；样本空间概念的加深还能够积极促进"客观性直觉"，由此积极消除"等可能性偏见"，并能据此来提升学生的概率计算能力。在发展学生概率计算知识和能力的道路上，我们一方面要加强其对样本空间概念的理解，另一方面要帮助其认识到"古典概率是客观的，且是可以被度量的"。

第三，样本空间概念的加深能够积极促进学生对于古典概率"客观性"的认识，由此积极消除其"等可能性偏见"和"代表性启发"，并能据此提升其概率比较的能力。值得注意的是，学生理解了样本空间并非就能够进行正确的概率比较，其持有的"等可能性偏见"和"代表性启发"常常在其进行概率比较时产生负向干扰。学生之所以在理解样本空间的情况下，放弃逻辑推演而诉诸不良的直觉判断，是因为其对概率的客观性缺乏深刻认识。因此，在发展学生概率比较知识和能力的道路上，我们一方面要加强其对样本空间概念的理解，另一方面要帮助其认识到古典概率的客观性，在此基础上帮助其消除"等可能性偏见"和"代表性启发"。

第四，概率计算能力的发展是学生进行概率比较的重要前提。但是，尽管学生具备了概率计算的能力，"代表性启发"依然是影响其从概率计算向概率比较进阶的关键性负向因素。

第四节　学生概率内容学习进阶影响因素及其作用机制的质性分析

为了更深入地揭示前文提及的变量对学生概率内容学习进阶的影响，研究者选取了若干有代表性的被试进行一对一访谈。需要说明的是，在下文提及的被试编号中，开头的四位字母表示学校名称，第五、六位数字表示年级，第七、八位数字表示性别（01 为男生，02 为女生），第九、十、十一位数字表示序号。例如，被试 SHNX0701023 是指 SHNX 学校七年级男性 23 号被试。在访谈片断里，诸如"你好同学，欢迎接受我的访谈""再见，谢谢你的访谈"等语句不再赘述。

一、组合知识对学习进阶的影响

本研究发现，组合知识可以解释学生作答表现 14.6% 的变异，其对作答表现的回归系数为 0.678（$t=12.653$，$p<0.001$）。从不同的概率任务来看，"组合知识"能够分别解释"样本空间""概率比较"及"概率计算"6.8%、10.7% 及 9.0% 的变异，其对上述因变量的回归系数分别为 0.151、0.300 及 0.228（所有 $p<0.001$）。可见，"组合知识"对于"样本空间""概率比较"及"概率计算"而言均是一个显著的预测源。这在下文访谈中再一次得到了证实。

1. 被试 SHNX0702016 访谈资料

被试先前概率认知状况：缺乏组合的知识和策略，因此在所有关于样本空间任务中的作答均错误，由此也进一步导致其在概率计算和概率比较任务中作答错误。

师：我们来看你的第二道题目。第一问你认为一共有 3 种情况？

生：对，两个都是白的，两个都是黑的，还有一个黑的、一个白的。[批注 1]

师：好，我们再来看第二问。第二问你觉得两者的可能性一样大？

生：对，很明显呀，只有这三种情况。

师：所以你觉得一样大？

生：对，$\frac{1}{3}$的可能性。[批注2]

师：你觉得这三种情况的可能性都是$\frac{1}{3}$？

生：嗯。

师：我明白你的意思了。我现在把题目背景稍微变一下，你先仔细听，然后回答我的问题。

师：放学后，你的班主任要从你、一个男同学、两个女同学中选两个人留下来打扫教室。也就是说，从两男、两女共4人中选2人。你觉得班主任一共有多少种选法？[批注3]

生：我想想。6种。一种是我和我的好朋友，一种是我和文文（化名），一种是我的好朋友和文文，再一种是我和悠悠（化名），还有我的好朋友和悠悠，还有就是文文和悠悠。[批注4]

师：很好。我再问你，如果老师把你们4个人的名字写到纸条上，随机抽两张纸条。你认为，抽到两个女孩和抽到一男一女，哪个可能性大？

生：一男一女。

师：为什么？

生：因为刚才我说了，一男一女可以是我和文文，可以是我和悠悠，还有就是翼翼（即前文提及的"我的好朋友"）和文文，翼翼和悠悠。[批注5]

师：很好。我再问你，抽到一男一女搭配的可能性有多大？

生：$\frac{4}{6}$。

师：很好。你再看看摸球的这个问题。再给你一次机会，你再回答一下。

生：我知道了，和打扫卫生这个是一样的。[批注6]

师：那你为什么摸球这个问题没有做对呢？确切地说，你第一问就做错了，所以后面跟着错了。

生：是的。你问的打扫卫生的这个问题，我就想象是我和我的好朋友、文文、悠悠4个人，从里面选很好想象的。[批注7]

师：其实我刚才的问法和这个摸球游戏是一样的：摸球游戏告诉你是从两个黑球、两个白球里面摸2个球；打扫卫生问题告诉你是从两男、两女里面选 2 个人。后面这个问题很实际，和你的生活很近。你把一个女生想象成自己，把另一个女生想象成你的好朋友，把其余两个男生也想象成你熟悉的同学，所以你做起来就容易了。[批注 8]

生：对。

师：实际上，你已经把两个男生作了区分，把两个女生也作了区分。你可以类似地处理摸球的问题吗？[批注 9]

生：我知道了，可以把相同颜色的球取不同的名字。比如，黑球 1 号、黑球 2 号这种。还可以用黑球甲、黑球乙，黑球 A、黑球 B 这种取名办法。[批注 10]

师：很好。看得出来，你是被相同颜色的黑球、相同颜色的白球给弄混淆了。你其实是会搭配的。

师：你接下来再把其余的问题都订正一下，我再看看。

该被试完成订正，作答全部正确。

2. 分析与讨论

在访谈伊始，研究者首先从 Q2 入手（后续问题也是从 Q2 入手的），是基于如下考虑：其一，Q1 相对简单，学生作答的错误类型较少；其二，Q2 中重复样本较多，学生在该题样本空间任务中较易出错，因此访谈该题能获取更多信息。

该被试在样本空间任务中认为所有的可能结果为三种（批注 1），但研究者尚不能断定这是否是因为其缺乏组合知识而导致的，根据以往研究的经验，有的学生能够对所有可能的结果进行一一列举，只是在作答时从简处理。在第 2 问中，该被试认为三种可能结果的概率相等，并且给出了具体的答案 $\frac{1}{3}$（批注 2）。由此断定：该被试确实无法构建样本空间，而这也进一步导致其在概率比较任务中作出了错误判断。这也得到了已有研究的支撑：在复合试验情境中，构造样本空间的过程实质上是一个组合的过程[1, 2]，因此组合推理是学生概率概念的学习过程中重要的知识基础，组合运算的复杂程度是决定

[1] Batanero C, Navarro P V & Godino J D. Effect of the implicit combinatorial model on combinatorial reasoning in secondary school pupils [J]. Educational Studies in Mathematics, 1997, 32 (2): 181–199.

[2] Fischbein E & Grossman A. Schemata and intuitions in combinatorial reasoning [J]. Educational Studies in Mathematics, 1997, 34 (1): 27–47.

问题难度的重要变量。为了帮助该被试发展组合知识，研究者将题目背景进行了替换：把题干中的"两个黑球、两个白球"替换为"两个男生、两个女生"（批注3）。研究者认为这样的情境替换是比较巧妙的：其一，打扫教室情境更加生活化；其二，"两个男生"不仅能够类比"两个黑球"（同理，"两个女生"能够类比"两个白球"），而且学生更容易意识到"两个男生"是不同的个体，尤其他们也更容易自觉地将其编号或命名以示区分，从而为其进行组合推理提供了便利。事实上，这样的情境替换也收到了即时的效果，该被试不重不漏地列举了所有的6种可能结果（批注4）。当被试能够正确构造样本空间时，其在概率比较任务中的作答也就随之得以矫正（批注5）。研究者随即抛出第三个问题，即"抽到'一男一女'的概率有多大"，该被试非常迅速地给出了正确答案 $\frac{4}{6}$。可见，学生组合知识的缺乏直接影响了其对于样本空间的理解，也由此进一步阻碍了其进行正确的概率计算和概率比较；一旦学生的组合知识得以发展，其在样本空间、概率比较、概率计算任务上的作答均有得以改正的可能。研究者并没有就此终止访谈，而是继续引导被试进行自我反思：打扫教室问题和摸球问题本质上是一样的吗？该被试能够清晰地指出两者本质上是一样的（批注6），并且能够认识到：自己之所以能够在打扫教室问题中作答正确，是因为事先对每个学生作了标记（批注7）。为了加强被试的认识，研究者重复了被试的解释（批注8），并要求被试重新审视自己在Q2中的作答（批注9）。值得欣慰的是，被试在掌握组合知识之后，能够正确地构建样本空间，并能够据此进行概率计算和概率比较（批注10）。

二、"可度量性直觉"对学习进阶的影响

本研究发现，"可度量性直觉"对于学生学习表现的回归系数为0.614（$p<0.001$）。在学习进阶的影响因素及其机制模型中，"可度量性直觉"的积极作用主要体现在：在学生从"样本空间"向"概率计算"进阶时，"可度量性直觉"中介了"样本空间"与"概率计算"的关系。具体而言，"样本空间"对"可度量性直觉"有显著的直接正向影响（$\beta=0.287$，$p<0.01$），"可度量性直觉"对"概率计算"有显著的直接正向影响（$\beta=0.301$，$p<0.01$），

"样本空间"通过"可度量性直觉"对"概率计算"有显著的间接正向影响（$\beta=0.086$，$p<0.001$），其效应量为26.6%。可见，"可度量性直觉"是影响学生进行概率计算的关键性正向因素，样本空间概念的加深能够积极促进"可度量性直觉"，并能据此进一步提升学生的概率计算能力。这说明样本空间概念的发展对学生概率计算的学习至关重要，培养学生对概率的"可度量性直觉"也不可或缺。这在下文访谈中再一次得到了证实。

1. 被试 SHNX0701041 访谈资料

被试先前概率认知状况：缺乏组合的知识和策略，因此在所有关于样本空间任务中的作答均错误；在概率比较任务中均选择"不确定"。

师：我们先来看第二道题目。第一问，你认为一共有3种可能的情况？

生：嗯。黑白、黑黑、白白。[批注1]

师：好。第二问为什么会选择"不确定"？

生：因为都有可能啊。

师：所以你觉得"不确定"？

生：嗯。虽然都有可能，但也不知道到底会是哪个，看具体情况吧。

师：我明白了。你觉得"都有可能"就是"因为都有可能，所以我们没办法确定哪个可能性更大"？[批注2]

生：嗯。

师：有的同学认为"因为都有可能，所以它们的可能性是一样的"。你同意吗？[批注3]

生：他们说得也有道理，但是我觉得，我们（对发生什么）都是不确定的。

师：好，这个问题先放着。我问另一个问题：你的班主任放学后要从你、一个男同学、两个女同学中选两个人留下来打扫教室。也就是说，要从两男、两女共4人中选2人。班主任一共有多少种选法？[批注4]

生：（思考片刻，并在稿纸上画示意图）6种。

师：很好。我再问你，如果老师把你们4人的名字写到纸条上，随机抽两张纸条，抽到哪两位，哪两位就留下来打扫卫生。你认为，抽到"两个男孩"和抽到"一男一女"哪个可能性大？[批注5]

生：这和摸球不是一样的吗？没办法知道哪个可能性大。

师：为什么？

生：就是没法知道啊。是老师抽纸条，随便抽两张，估计她自己都不知道（哪种情况的可能性更大）。[批注6]

师：我看你在稿纸上画的这幅连线图，一男一女的搭配有 4 种，两男的搭配只有 1 种。

生：对啊。但抽的时候是随便抽的，有的时候偏偏会抽到两个男生，有的时候会抽到两个女生，这种事情都是没法知道的。[批注7]

师：好吧。现在我把你刚才画的 6 种情况用 6 张纸条来表示：第 1 张写着"两男"，第 2 张写着"两女"，第 3 张写着"一男一女"，第 4、5、6 张也都写着"一男一女"。[批注8]

研究者临时准备纸条，呈现道具。

师：现在你随机抽取一张纸条，你觉得抽到"两男"和"一男一女"的可能性哪个更大？

生：（思考片刻）"一男一女"吧。

师：为什么呢？

生：因为有 4 张纸条写着"一男一女"。

师：这时候你为啥不说"不确定"了呢？

生：因为它（是指写有"一男一女"的纸条）多啊。[批注9]

师：你注意到没，我把前面的问题做了一点小改动，把你列举出来的 6 种情况分别做成一张纸条。这时候你就会答了，因为只用"抽 1 张"，而不再是"同时抽 2 张"。你觉得我这样处理你能接受和理解吗？[批注10]

生：能理解。

师：你再仔细思考一下前面的摸球问题，想好了再回答我。

生：第一问是 6 种情况，第二问选"摸到'1 个黑球和 1 个白球'的可能性大"，第三问是 $\frac{2}{3}$。

师：你接下来再把其余的问题都订正一下，我再看。

该被试完成订正，作答全部正确。

2. 分析与讨论

在访谈伊始，研究者首先从 Q2 入手。被试在样本空间任务中认为所有的可能结果为三种（批注 1）。在第二问中，该被试认为摸到"1 个黑球和 1 个白球"和摸到"2 个白球"的概率孰大孰小是"不确定"的，并且认为"都有可能"就表明"无法确定哪个可能性更大"（批注 2）。由此断定：该被试一方面无法构建样本空间，另一方面对古典概率的可度量性缺乏认识，因而在概率比较任务中作出了错误的判断。研究者随即抛出了另一类典型作答，即"因为都有可能，所以它们的可能性是一样的"（批注 3），该作答是"等可能性偏见"的典型表现。有意思的是，该被试并不认同该观点，依然坚信概率是"无法被预测和度量的"。为了帮助被试发展组合知识，以考察其在发展组合知识的前提下是否还持有"概率的不可知论"，研究者抛出了前文提及的打扫教室问题（批注 4）。该被试比较顺利地完成了样本空间任务。研究者随即追问：抽到"两个男孩"和抽到"一男一女"哪个可能性大？（批注 5）。被试依然认为概率是不可预测的（批注 6）。可见，该被试即便掌握了构建样本空间的策略，也确实正确构建了样本空间，但其在概率比较任务上依然坚信"概率是无法被预测和度量的"。虽然研究者进行了提示，但比较无奈的是，该被试依然不为所动，坚持认为"摸的时候是随便摸的，这种事情都是没法知道的"（批注 7）。研究者对题目情境进行了变换，采用抽纸条的方式启发被试思考（批注 8）。研究者自认为这样的变化是比较巧妙的，它相当于把"摸出 2 个球"简化为"摸出 1 个球"，主要目的在于考察学生在明确样本空间的情况下能否发展概率的"可度量性直觉"。可喜的是，该被试终于作出了正确的回答，还给出了合理的理由（批注 9）。研究者继续追问被试是否理解问题变换前后的共同点（批注 10），被试表示能够理解。访谈尾声，该被试订正了所有题目，且均作答正确。

三、"代表性启发"对学习进阶的影响

本研究发现，"代表性启发"对于学习表现的回归系数为 -0.479（$p<0.001$）。在学习进阶的影响因素及其机制模型中，"代表性启发"的消极作用主要体现在：在学生从"样本空间"向"概率比较"进阶时，"代表性启发"作为第二层中介变量，中介了"样本空间""客观性直觉"与"概率比较"的关

系。具体而言，"客观性直觉"对"代表性启发"有显著的直接负向影响（$\beta =$ −0.921，$p<0.001$），"代表性启发"对"概率比较"有显著的直接负向影响（$\beta =−0.222$，$p<0.001$）。"样本空间"通过"客观性直觉"→"代表性启发"对"概率比较"有正向的链式中介作用且达显著（$\beta =0.062$，$p<0.001$），其效应量为17.7%。可见，"代表性启发"是影响学生进行概率比较的关键性负向因素。样本空间概念的加深能够积极促进学生对于古典概率的"客观性直觉"，由此能够积极消除其"代表性启发"，并且能够据此来提升其概率比较的能力。这在下文访谈中再一次得到了证实。

1. 被试 SHNX0702013 访谈资料

被试先前概率认知状况：缺乏组合的知识和策略，因此在所有关于样本空间任务中的作答均错误；在概率比较任务中均选择"'1个黑球和1个白球'的可能性大"。

师：我们先来看你的第二道题目。第一问，一共有3种可能的情况？

生：是吧。黑色黑色、黑色白色、白色白色。[批注1]

师：好的。第二问你认为"1个黑球和1个白球"的可能性大，我看到你也写了理由，能具体说一说吗？

生：（看了一下问题）因为我感觉黑白配概率更大。

师：你怎么知道黑白配概率最大？

生：只有黑白配是两种颜色都有的，盒子里有黑球也有白球，摸到两个都是黑的或者摸到两个都是白的，都不太合适。[批注2]

师：你为什么会用"合适"这个词？[批注3]

生：嗯？

师：我是说，你之所以认为摸到"1个黑球和1个白球"的概率大，摸到"2个黑球"的概率小，是看哪个结果符合你的心理预期？

生：也不是心理预期吧，就是感觉这种黑白球都有，这种黑白配更像现实。[批注4]

师：好，我大概明白你的意思了。我用我的语言重复你的想法：你觉得摸到两个黑球这种情况比较极端、比较难，而摸到一黑一白似乎比较容易，因为

它不是那种极端的结果，对吗？ [批注5]

生：（思考片刻）差不多是的。

师：好的。从你给出的理由，包括刚才的对话来看，你对于"哪个结果的概率大、哪个结果的概率小"这件事的判断，一般是根据你的主观想法来解释，对吗？ [批注6]

生：（不明白）嗯？

师：好吧。老师给你讲讲我的解题过程，你看看有没有道理。

师：（在稿纸上画出 Q2 的插图）你看这幅图，有两个黑球和两个白球。现在请你想象一下，你摇一摇盒子，闭上眼睛从中同时摸出两个球。老师觉得，有可能摸到两个都是白球，有可能摸到两个都是黑球，有可能摸到这个黑球和这个白球，有可能摸到这个黑球和这个白球，有可能摸到这个黑球和这个白球，还有可能摸到这个黑球和这个白球（每种结果同步画示意图）。总的来说，摸到一个黑球和一个白球有四种可能的搭配。听明白没？

生：明白。

师：也就是说，理论上有四种搭配都是"1 个黑球和 1 个白球"，而只有一种搭配是"2 个黑球"，对吗？ [批注7]

生：对。

师：现在你想一想，你闭上眼睛，从盒子里摸出两个球。摸出"2 个黑球"有点难，因为它只有一种搭配；而摸到"1 个黑球和 1 个白球"相对容易些，因为它……

生：有四种搭配。

师：很好。尽管你也做对了，但你的理由太主观，不够科学。我的更有道理，你觉得呢？

生：我觉得我的也有一些道理吧。 [批注8]

师：老师再给你看一个例子。（边画插图边解释题意）盒子里有 1 个黑球和 3 个白球，共 4 个球。还是一样，摇一摇盒子，闭上眼睛从中同时摸出两个球。你认为是摸到"2 个白球"的可能性大，"1 个黑球和 1 个白球"的可能性大，还是一样大？ [批注9]

生：（思考片刻）一样大。

师：为什么？

生：（模仿教师刚才画示意图的方法）摸到"2个白球"可以是这两个，也可以是这两个，还可以是这两个；摸到"1个黑球和1个白球"可以是这两个，也可以是这两个，还可以是这两个。它们都是3种情况，所以概率一样大。[批注10]

师：很好，老师的方法你也学会了。你怎么放弃你之前的想法了？你不是觉得一黑一白这种"黑白配"概率更大吗？[批注11]

生：要看情况。

师：看来你还没有完全信服我的办法。再来看一道题目。

师：（边画插图边解释题意）盒子里有1个黑球和99个白球，共100个球。还是一样，摇一摇盒子，闭上眼睛从中同时摸出两个球。你认为是摸到"2个白球"的可能性大，还是"1个黑球和1个白球"的可能性大，还是一样大？[批注12]

生：两个白球，白球太多了。

师：你的"黑白配"还管用吗？（原意是：你还认为一黑一白这种"黑白配"的概率更大吗）

生：不管用了。[批注13]

师：我给你解释一下原因吧。首先摸到"1个黑球和1个白球"一共有……

生：99种情况。

师：摸到"2个白球"呢？

学生努力思考。

师：这个你还没学过，算起来比较难。但是你可以想象，摸到"1个黑球和1个白球"说明肯定要有黑球被摸到，对吧？100个球里只有1个黑球，摸到它谈何容易？[批注14]

生：对。

师：尽管你之前的"黑白配"理由挺有意思，但是没我的理由科学，我的理由是理论推导，有数学依据的。你同意吗？

生：同意了。

师：你接下来再把其余的问题都订正一下，我再看看。

该被试完成订正，作答全部正确。

2. 分析与讨论

在访谈伊始，研究者首先从 Q2 入手。被试在样本空间任务中认为所有的可能结果为三种（批注 1）。在第二问中，该被试认为摸到"1 个黑球和 1 个白球"的可能性比摸到"2 个白球"的可能性大，其理由是"只有黑白配是两种颜色都有的，盒子里有黑球也有白球，摸到两个都是黑的或者摸到两个都是白的，都不太合适"（批注 2）。由此可以断定：该被试无法构建样本空间，并且在概率比较时表现出典型的"代表性启发"。研究者留意到被试用到了"合适"一词（批注 3），似乎被试的判断是从主观臆断出发的。尽管被试没有正面回答为何用"合适"一词，但从其解释可以看出她的判断是基于主观臆断的：生活经验告诉她，摸出一黑一白这种"混合结果"更具有代表性、"更像现实"（批注 4）。研究者向被试重复了其观点（批注 5），得到被试的确认。可见，该被试在概率比较时确实陷入了"代表性启发"这一不良直觉的迷雾。研究者继续追问："你对于'哪个结果的概率大、哪个结果的概率小'这件事的判断，一般是根据你的主观想法来解释吗"（批注 6），被试似乎没有理解研究者追问的用意。但结合前文访谈大体可见，该被试对于概率的客观性认识不足，并寻找到自认为合理的一套"法则"，即"代表性启发"。研究者向被试一一列举了所有可能的结果（批注 7），被试对此表示认同。研究者继续引导学生从样本空间出发进行概率比较，被试能够理解这一方法，但对自己之前的理由依然保持笃定（批注 8）。为了纠正被试的"代表性启发"，研究者提出从装有 1 个黑球和 3 个白球的盒子中摸 2 个球的问题（批注 9），被试能够模仿研究者的策略，在构建样本空间的基础上对两者的概率进行比较（批注 10）。但是令研究者感到意外的是，该被试依然没有完全放弃其之前的观点，即"黑白配"的概率更大（批注 11）。研究者随即提出了一个极端案例，即从装有 1 个黑球和 99 个白球的盒子中摸 2 个球的问题（批注 12）。这时被试经过思考作答正确，且否定了自己之前持有的"代表性启发"（批注 13）。尽管这个问题对于被试而言难度过大，但研究者引导被试意识到其持有的"代表性启发"并不可靠（批注 14）。访谈尾声，该被试订正了所有题目，且均作答正确。可见，学生的"代表性启发"一方面源于其对概率的"客观性"缺乏认识，这使得他们很难想到从可靠的方法（即基于列举法求概率）出发进行推导；另一方面，这源于学生惯于从主观的视角解释和理解概率问题。换言之，这种"亲近一般结果，远离特殊结果"的思维模式在某种程度上肇始于他们的"中庸思维"。

四、"等可能性偏见"对学习进阶的影响

本研究发现，"等可能性偏见"对于学习表现的回归系数为 -0.530（$p<0.001$）。在学习进阶的影响因素及其机制模型中，"等可能性偏见"的消极作用主要体现在两个方面。第一，在学生从"样本空间"向"概率计算"进阶时，"等可能性偏见"中介了"样本空间"与"概率计算"的关系，并作为第二次层中介变量中介了"样本空间""客观性直觉"与"概率计算"的关系。具体而言，"样本空间"对"等可能性偏见"有显著的直接负向影响（$\beta=-0.195$，$p<0.001$），"等可能性偏见"对"概率计算"有显著的直接负向影响（$\beta=-0.265$，$p<0.001$）；"客观性直觉"对"等可能性偏见"有显著的直接负向影响（$\beta=-0.286$，$p<0.001$）。第二，在学生从"样本空间"向"概率比较"进阶时，"等可能性偏见"中介了"样本空间"与"概率比较"的关系，并作为第二次层中介变量中介了"样本空间""客观性直觉"与"概率比较"的关系。具体而言，"样本空间"对"等可能性偏见"有显著的直接负向影响（$\beta=-0.171$，$p<0.01$），"等可能性偏见"对"概率比较"有显著的直接负向影响（$\beta=-0.169$，$p<0.01$）。这在下文访谈中再一次得到了证实。

1. 被试 SHNX0702052 访谈资料

被试先前概率认知状况：缺乏组合的知识和策略，因此在所有关于样本空间任务中的作答均错误；在概率比较任务中均选择"'1 个黑球和 1 个白球'与'2 个白球'的可能性一样大"。

师：和其他同学的访谈一样，我们首先看第二道题目。第一问，你说一共有 3 种可能的情况，对吧？

生：嗯。一黑一白、两白、两黑。[批注1]

师：好的。第二问你认为两者（指摸到"2 个白球"和摸到"1 个黑球和 1 个白球"）的可能性一样大。请用自己的语言说一说理由。

生：因为它们（的概率）都是 $\frac{1}{3}$。

师：为什么？

生：因为有三种情况，它们的机会是均等的。[批注2]

师：好的。有的同学和你的想法有点类似，他们也认为两者的可能性一样大，但理由是"因为它们的可能性都是 $\frac{1}{2}$"。你同意这种观点吗？[批注3]

生：不同意，显然不是 $\frac{1}{2}$，还有摸到"两黑"这种可能。

师：噢。我帮你总结一下，因为你觉得一共有三种可能的结果，它们的可能性是相等的，所以都是 $\frac{1}{3}$。对吗？

生：嗯。

师：（它们的概率）真的相等吗？[批注4]

生：那不然呢？

师：我们来做个试验吧。（呈现道具）这里有两个黑球、两个白球和一个不透明的盒子。我们把这四个球放进盒子里摇一摇，你闭上眼睛从中同时摸出两个球。你可以摸 10 次，我帮你记下每次的结果。[批注5]

学生摸球 10 次，最终结果为：一黑一白被摸到 7 次，两黑被摸到 1 次，两白被摸到 2 次。

师：是不是觉得摸到"两个白球"比摸到"1 个黑球和 1 个白球"要困难一些？

生：是的。

师：你知道其中的原因吗？

生：它的概率大些。

师：为什么它的概率会大些？

学生思考片刻，无作答。

师：假如再让你摸 10 次，或者 100 次、1000 次，你还会觉得摸到"1 个黑球和 1 个白球"的可能性更大吗？^[批注 6]

生：嗯，这应该有规律。^[批注 7]

师：很好。是不是和你之前的心理预期有很大差别？^[批注 8]

生：是的。

师：刚才你说应该有规律，这个规律大概就是说：重复地摸多次，摸到"1 个黑球和 1 个白球"的次数会更多些。那么，请你再摸一次，你觉得摸到"2 个白球"与"1 个黑球和 1 个白球"哪个可能性更大？^[批注 9]

生："1 个黑球和 1 个白球"。

师：刚才我们通过试验的方法发现了"规律"，现在我告诉你另一种办法。

师：（在稿纸上画出 Q2 的插图）你看这个图，当中有两个黑球和两个白球。现在你想象一下，摇一摇盒子，闭上眼睛从中同时摸出两个球。是不是有可能摸到两个都是白球，有可能摸到两个都是黑球，有可能摸到这个黑球和这个白球，有可能摸到这个黑球和这个白球，有可能摸到这个黑球和这个白球，还有可能摸到这个黑球和这个白球（每种结果画示意图）？总的来说，摸到"1 个黑球和 1 个白球"有四种可能的搭配，摸到"2 个白球"只有这一种搭配？^[批注 10]

生：是的。它的搭配更多，所以可能性更大。

师：通俗地说，你摸到"1 个黑球和 1 个白球"的机会更大，因为这 4 种组合都是"1 个黑球和 1 个白球"；而摸到"2 个白球"就意味着你恰好摸到这种组合，是不是觉得会难一些？

生：是的。

师：关键的问题在于，你最初认为摸出的球一共只有三种可能的情况。当你知道了一共有 6 种搭配，也就是 6 种可能的情况后，有没有真正认识到，两者的概率可以从理论上、从数学上来推理？^[批注 11]

生：是的。

师：你还坚持认为"两者的可能性一样大，且都是 $\frac{1}{3}$"吗？

生：之前的答案不对，应该一个（指摸到"1 个黑球和 1 个白球"）是 $\frac{4}{6}$，一个（指摸到"2个白球"）是 $\frac{1}{6}$。

师：接下来请把其余的问题都订正一下，我再看看。

该被试完成订正，作答全部正确。

2. 分析与讨论

在访谈伊始，研究者首先从 Q2 入手。被试在"样本空间"任务中认为所有的可能结果为三种（批注 1）。在第二问中，该被试认为摸到"1个黑球和1个白球"的可能性和摸到"2个白球"的可能性相等，其理由是"因为有三种情况，它们的机会是均等的，都是 $\frac{1}{3}$"（批注 2）。由此可以断定：该被试一方面尚缺乏组合知识及对样本空间的理解，另一方面在概率比较时表现出明显的"等可能性偏见"，且是第二类"等可能性偏见"[1]。研究者向被试呈现了另一类"等可能性偏见"，即认为两者的可能性一样大，但理由是"因为它们的可能性都是 $\frac{1}{2}$"（批注 3）。被试对此并不认同，可见该被试所持有的"等可能性偏见"确是第二类等可能性偏见。研究者向被试重复了她的解释，并据此追问"（它们的概率）真的相等吗"（批注 4）。被试没有改变最初的判断，其"等可能性偏见"依然牢固。为了给被试造成认知冲突，研究者随即引导被试做了摸球试验（批注 5）。试验结果显示，独立重复摸球 10 次，摸出"一黑一白"的频数（频率）更大。研究者据此追问"为什么摸到'一黑一白'的概率会大些"，被试若有所思，但无作答。研究者继续追问："假如再摸 10 次，或者 100 次、1000 次，你还会觉得摸到'1个黑球和1个白球'的可能性更大吗？"（批注 6）被试在回答时提及了"规律"二字（批注 7）。研究者断定被试开始意识到概率具有客观性，继续追问："是不是和你之前的心理预期有很大差别？"（批注 8）得到被试的肯定回答。研究者为了确认被试是否真正放弃了其之前持有的"等可能性偏见"，追问："请你再摸一次，你觉得摸到'2个白球'与'1个黑球和1个白球'哪个可能性更大？"（批注 9）被试回答正确。为了引导被试彻底放弃其持有的"等可能性偏见"，研究者为其介绍了"列举法求概率"的策略（批注 10）。从被试的反馈来看，她理解和认可了这一方法，并放弃了其之前持有的"等可能性偏见"。研究者继续引导被试重新审视其最初的作答，帮助其认

[1] 何声清，巩子坤．7—9 年级学生概率认知中的"等可能性偏见"研究 [J]．数学通报，2017，56
  （6）：13—17．

识到：两者的概率比较可以从理论上找到可靠的方法来推导（批注 11）。访谈尾声，该被试订正了所有题目，且均作答正确。可见，学生的"等可能性偏见"常常与其缺乏对概率"客观性""可度量性"的理解有关。例如，他们常常断言"至于哪种结果概率更大，我们不得而知，毕竟事情还没有发生"，而这种观念常常进一步诱导他们认为"既然不得而知，那么所有结果的概率都一样"，而这也得到了其他研究的支撑[1]。前文路径分析和此处的访谈结果均证实：在帮助学生认识组合策略和样本空间的基础上，通过引导其认识到概率的客观性、可度量性，其"等可能性偏见"是可以被消除的，由此还能帮助学生在概率比较和概率计算任务中摒弃不当策略。

[1] Savard A. From "real life" to mathematics: a way for improving mathematical learning [R]. Paper presented at the 11th International Congress on Mathematics Education, Monterrey, Mexico, 2008, July 6–13.

第七章

讨论与建议

第一节 主要结论及讨论

一、研究1的主要结论及其讨论

1. 学生古典概率的学习是从定性认识到定量计算进阶的

根据拉什的分析结果，样本空间任务的难度值最高，概率计算任务的难度值次之，概率比较任务的难度值最低。这说明样本空间任务对被试的能力值要求最高，概率计算任务对被试能力值的要求次之，概率比较任务对被试能力值的要求最低。可见，学生古典概率内容的学习是按照概率比较→概率计算→样本空间的顺序进阶的。事实上，研究者还分别对不同办学水平学校学生、不同性别学生的作答表现进行了描述性统计，CTT 的结果也再一次佐证了上述学习进阶规律。这与我们的预期有较大差距：在我们的常识里，样本空间知识是学生进行概率计算的基础，而概率计算则是概率比较的基础。换言之，学生古典概率内容的学习是从定性认识向定量计算进阶的。

学生关于概率内容的学习进阶为何会是上述序列呢？

从数学的知识逻辑来看，样本空间是概率计算的知识基础：对于本研究所涉及的测试题目，学生只有在明晰每道题目"摸出球的所有可能结果"（即样本空间）之后，才能据此求出某个事件的概率。概率计算是概率比较的知识基础：对于本研究所涉及的问题，学生一般在准确计算各个事件的概率后，才能正确地对它们的大小进行比较。然而，学生端数据告诉我们：概率比较是一个相对容易的任务，概率计算次之，而样本空间是一个难度相对较大的任务。

学生关于概率计算和样本空间的理解在进阶序列的末端，这也与其思维发展规律有关。柯普兰认为，学生概率概念是以一种非常严格的方式，依赖于其自身组合推理能力而得以发展的，而组合推理能力是在形式运算水平以后发展起来的[1]。本研究中的被试其思维发展已然处于该阶段，但组合推理能力的发展才刚刚起步，可见在概率学习时不可对定量化的内容作过高要求。

研究者不禁要问：既然样本空间是概率计算和概率比较的知识基础，那么学生在不具备知识基础的情况下，是如何进行概率比较的？他们概率比较的策略是正确的吗？

为了回答上述问题，研究者对部分被试进行了访谈（详见第六章），在此过程中基本厘清了学生概率内容学习进阶与我们所预期的知识链条相去甚远的原因。

例如，有学生认为概率是无法被度量的。以被试 SHNX0701041 为例，该被试缺乏组合的知识和策略，因此在所有关于样本空间的任务中均作答错误。在概率比较任务中，该被试均选择"不确定"。在访谈中研究者了解到，该被试认为因为各种情况都有可能，所以它们的概率是不确定的，亦即无法比较各结果的概率大小。究其原因，这是由于学生对古典概率的理论先验性缺乏必要的认识。从一般思维模式的角度而言，古典概率中的"先验推理"（从样本空间出发进行计算）基本属于演绎推理的范畴，概率教学不能仅仅局限于教材中既定的概念、法则等，这些潜在的概率思维模式对学生概率内容的理解也不可或缺。

又如，有学生持有顽固的"等可能性偏见"。以被试 SHNX0702052 为例，该被试缺乏组合的知识和策略，因此在所有关于样本空间的任务中均作答错误，在概率比较任务中均选择"'1 个黑球和 1 个白球'与'2 个白球'的可能性一样大"。在访谈中研究者了解到，该被试认为"因为有三种情况，所以它们的机会是均等的"。"等可能性偏见"的危害是十分直接和显著的：它是导致学生在概率比较问题中作出等可能判断的主要原因之一。

再如，有学生持有顽固的"代表性启发"。以被试 SHNX0702013 为例，该被试缺乏组合的知识和策略，因此在所有关于样本空间的任务中均作答错误，在"概率比较"任务中均选择"'1 个黑球和 1 个白球'的可能性大"。在

[1] 柯普兰. 儿童怎样学习数学 [M]. 李其维，康清镳，译. 上海：上海教育出版社，1985.

访谈中研究者了解到，该被试认为"黑白配概率更大""只有黑白配是两种颜色都有的，盒子里有黑球也有白球，摸到两个都是黑的或者摸到两个都是白的，都不太合适""黑白配更像现实""摸到两个黑球这种情况比较极端、比较难，而摸到一黑一白似乎比较容易，因为它不是那种极端的结果"。这种"亲近一般结果，远离特殊结果"的思维模式在某种程度上肇始于他们的"中庸思维"，学生对概率的"可度量性"缺乏认识，这使得他们很难想到从可靠的方法出发进行推导。研究者对此类错误认知的教学干预提出如下建议：第一，加强学生对概率"可度量性"的感知；第二，教师在教学中应帮助学生认识到，概率知识虽然考察的是"不确定性"，但实际上概率问题是有理可循的，我们在概率决策时应基于可靠的方法而不能从过于生活的经验出发。

2. 各年级之间在不同子概念上的进阶幅度存在差异

从整体上而言，七—九年级学生在《古典概率测试》中的总分均值是随着年级的递增而增高的，且增长幅度基本稳定。这与我们的预期基本一致：随着年级的递增，学生在学校课程中学习的概率内容逐渐增多，有关概率的经验也在不断积累，因此学生在《古典概率测试》中的作答表现随着年级的递增越来越好。这既符合我们的预期，也说明"年级"变量是学生概率内容学习进阶的一个重要方面。

从不同子概念的进阶幅度来看：其一，无论是样本空间任务，还是概率比较任务，亦或是概率计算任务，三个年级学生的得分均是随着年级的递增而增加的。其二，各个年级学生在样本空间任务上的得分都相对较低，且年级之间的进阶幅度较小，八年级在七年级基础上的进阶与九年级在八年级基础上的进阶在幅度上基本一致。其三，七年级学生在概率比较任务和概率计算任务上的得分基本持平，但在概率比较任务上的进阶幅度更大，八年级学生在概率比较任务上的得分率高出在概率计算任务上的得分率8.9%，而九年级学生在概率比较任务上的得分率高出在概率计算任务上的得分率14%。其四，每个年级较上一个年级进阶的内容有较大差异：八年级在七年级的基础上主要进阶了"概率比较"，而"概率计算"的进阶幅度次之；九年级在八年级的基础上主要进阶了"概率比较"和"概率计算"（这二者的增长幅度基本持平）。

若对相邻年级之间进行更细致的分析：其一，各个年级之间在《古典概率测试》总分上的进阶幅度基本一致，得分率的增长幅度基本保持在10%左右；其二，各个年级在样本空间任务中得分的进阶幅度最小，得分率的增长幅度基本保持在4%左右；其三，各个年级在概率比较任务中得分的进阶幅度最大，得分率的增长幅度基本保持在17%～19%；其四，各个年级在概率计算任务中得分的进阶幅度居中，且九年级在八年级基础上的进阶幅度更大，得分率的增长幅度达到13.9%，比较明显地高于八年级在七年级基础上的进阶幅度。

二、研究2的主要结论及其讨论

1."样本空间→概率比较"学习进阶中的关键因素及作用机制

影响学生从"样本空间"向"概率比较"进阶的关键因素及其机制可用模型2刻画。第一，"等可能性偏见""客观性直觉"及"代表性启发"是影响上述进阶的关键变量。"客观性直觉"是影响学生进行概率比较的关键性正向因素，而"等可能性偏见"和"代表性启发"则是影响学生进行概率比较的关键性负向因素。第二，样本空间概念的加深能够积极消除"等可能性偏见"，并能据此提升学生的概率比较能力；样本空间概念的加深能够积极促进学生对于（古典）概率的"客观性直觉"，由此能够积极消除其"等可能性偏见"和"代表性启发"，并能据此提升其概率比较的能力。第三，样本空间通过促进"客观性直觉"能够十分有效地消除"代表性启发"，并且该路径在其延伸段（即"代表性启发"→"概率比较"）还能够对"概率比较"产生积极影响。

该模型提示我们：学生之所以在理解样本空间的情况下，放弃逻辑推演而诉诸不良的直觉判断，是因为其对概率的客观性缺乏深刻认识。"客观性直觉"是"样本空间"与"概率比较"的重要中介变量，这意味着学生在具备样本空间知识的前提下，能够较好地发展"客观性直觉"，并且该直觉的发展能够有效消除其"等可能性偏见"和"代表性启发"，而这对于其概率比较有积极影响。可见，在发展学生概率比较知识和能力的道路上，我们一方面要加强其对样本空间概念的理解，另一方面要帮助其认识到"古典概率是客观的，且是可以被度量的"，在此基础上帮助其消除"等可能性偏见"和"代表性启发"。

2. "样本空间→概率计算"学习进阶中的关键因素及其机制

影响学生从"样本空间"向"概率计算"进阶的关键因素及其机制可用模型4刻画。第一，"可度量性直觉""客观性直觉"及"等可能性偏见"是影响上述进阶的关键变量。"可度量性直觉"和"客观性直觉"均是影响学生进行概率计算的关键性正向因素，而"等可能性偏见"则是影响学生进行概率计算的关键性负向因素。第二，样本空间概念的加深能够积极促进"可度量性直觉"，从而进一步提升学生的概率计算能力；样本空间概念的加深能够积极消除"等可能性偏见"，从而提升学生的概率计算能力；样本空间概念的加深还能够积极促进"客观性直觉"，积极消除"等可能性偏见"，从而提升学生的概率计算能力。第三，从影响效应来看，"样本空间"对"概率计算"的直接影响与间接影响几乎平分秋色，这说明样本空间概念的学习对学生概率计算的学习至关重要；培养学生对概率的"可度量性直觉"及"客观性直觉"也不可或缺。

该模型提示我们：学生在具备样本空间知识的前提下，能较好地发展"客观性直觉"，但该直觉的发展并不能对学生概率计算能力的提升产生即时效应，而是通过消除学生的"等可能性偏见"来对其概率计算产生积极影响。

3. "概率计算→概率比较"学习进阶中的关键因素及其机制

影响学生从"概率计算"向"概率比较"进阶的关键因素及其机制可用模型6刻画。第一，"代表性启发"是影响上述进阶的关键变量，它对"概率比较"有显著的直接负向影响。第二，"概率计算"通过"代表性启发"对"概率比较"的间接影响效应量并不大，这说明一旦学生真正掌握了概率的计算法则，他们大都能够正确地进行概率比较。尽管如此，"代表性启发"依然是影响学生从"概率计算"向"概率比较"进阶的关键性负向因素。

4. 学习进阶影响因素及其机制模型全景

将上述各个进阶链关涉的影响因素及作用机制进行整合，构建出学生古典概率学习进阶的影响机制模型全景，详见图7-1。该模型可作为探查学生古典概率学习进阶影响因素及作用机制的参考。

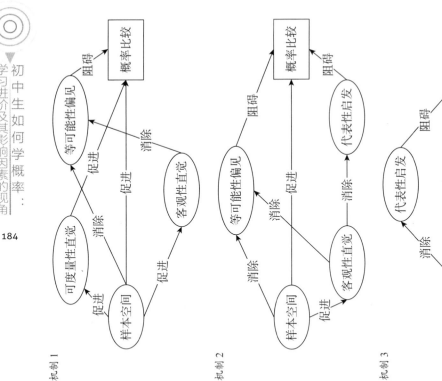

机制 1

机制 2

机制 3

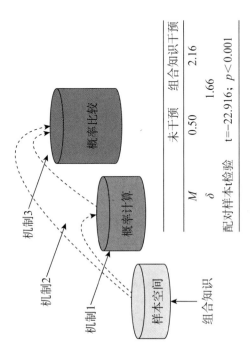

	未干预	组合知识干预
M	0.50	2.16
δ	1.66	

配对样本t检验　$t = -22.916$; $p < 0.001$

图 7-1　学生古典概率内容学习进阶的影响因素及其作用机制模型全景

第二节 对课程、教材及教学的建议

一、对课程标准的建议

相对于《课程标准（实验稿）》,《课程标准（2011 年版）》把义务教育阶段的概率内容整体进行了延后：第二学段才开始正式接触概率知识，第三学段才开始学习"用列举法求概率"等概率定量方面的知识。换言之，小学阶段的概率内容在认知要求上基本以定性认识为主，到了初中阶段则明显加强了定量方面的认识。例如，尽管教材中没有明确提及样本空间的书面概念，但初中阶段的概率内容已然涉及较复杂的"用列举法、树状图法求概率"等知识。《课程标准（2011 年版）》对于义务教育阶段概率内容设计的总体思路是从直观感知到定性认识，再到定量计算和比较，这与本研究中揭示的"初中生概率内容学习进阶的一般规律"是基本契合的。本研究表明：在古典概率学习进阶中，学生对于样本空间、概率计算这类概率定量方面知识的发展走在了概率定性比较的前面。综上所述,《课程标准（2011 年版）》对于概率内容的宏观设计是基本合理的，它较好地适应了学生的学习进阶规律。值得注意的是，新近颁布的《课程标准（2022 年版）》在《课程标准（2011 年版）》的基础上进一步凸显了定性认识的比重，这是十分合理的。

二、对教材编写的建议

1. 适时渗透组合知识并建立其与"用列举法、树状图法求概率"的联系

《课程标准（2022 年版）》提出，"随机现象发生可能性"的教学，应引导学生认识到随机现象普遍存在，感知随机现象的特征，体会可能性的大小。特别地，该版课程标准还提出"应让学生感知到许多随机现象发生的可能性

大小是可以预测的"[1]。尽管"样本空间"的书面概念在高中阶段才被正式提及，但构建正确的样本空间应是学生在古典概率模型中计算和预测概率的重要依据。本研究也证实：只有真正理解样本空间的概念，学生才能解决古典概率计算的问题。事实上，我国初中数学教材"用列举法、树状图法求概率"已然涉及这一知识。因此，简单的组合知识应成为学生概率学习的预备知识，可以将其设置在概率计算内容之前。

古典概率具有理论先验性，它在计算过程中依赖于学生对样本空间概念的理解[2]。在复合试验的情境中，构造样本空间的过程实质上是一个组合的过程[3, 4]，因此组合知识是学生古典概率概念学习过程中的知识基础。这在本研究中再次得到了证实：组合知识与样本空间、概率比较及概率计算三个概率任务得分之间的皮尔逊相关系数分别为 0.262、0.328 及 0.301，且均达到显著（$p<0.001$）。从回归分析来看，自变量"组合知识"对于学生《古典概率测试》总分而言是一个显著的预测源。学生《古典概率测试》总分中 14.6% 的变异可以被组合知识所解释（$p<0.001$），自变量"组合知识"对因变量《古典概率测试》总分的回归系数高达 0.678（$p<0.001$）。具体而言，自变量"组合知识"对因变量"样本空间""概率比较"及"概率计算"的回归系数分别达到 0.151、0.300 及 0.228（所有 $p<0.001$）。

因此，无论是根据已有研究的相关结论，还是基于本研究关于"学生概率内容学习进阶的影响因素及其机制"的探索，都不难看出组合知识的学习对学生理解样本空间概念十分重要。在教学中，组合知识的渗透应走在样本空间概念之前。

[1] 中华人民共和国教育部. 义务教育数学课程标准（2022 年版）[S]. 北京：北京师范大学出版社，2022.

[2] Shaughnessy J M. Research on students' understandings of probability [M]. In J Kilpatrick, W G Martin & D Schifter (Eds.), A research companion to Principles and Standards for School Mathematics. Reston, VA: National Council of Teachers of Mathematics, 2003: 216–226.

[3] Batanero C, Navarro P V & Godino J D. Effect of the implicit combinatorial model on combinatorial reasoning in secondary school pupils [J]. Educational Studies in Mathematics, 1997, 32 (2): 181–199.

[4] Fischbein E & Grossman A. Schemata and intuitions in combinatorial reasoning [J]. Educational Studies in Mathematics, 1997, 34 (1): 27–47.

2. 需进一步渗透概率可度量性、客观性等观念

即便当前中小学数学教材没有明确提及 "可度量性" "客观性" 等，但其蕴含的数学思想则十分有必要在概率教学中进行适当渗透。教师应引导学生认识到，可能性的大小至少是可以被度量的，这也正是概率这门学科的意义和魅力所在。值得注意的是，尽管 "概率不可知论" 作为一类典型的不良直觉在以往研究中报道诸多，但针对我国七—九年级概率认知的研究表明，这一不良直觉在七、八年级学生中比较常见（近 12%），而在九年级学生中其百分比才明显减少（不足 2%）[1]。

除了直接影响概率计算和概率比较以外，缺乏概率客观性和可度量性的认识常常会诱导学生的 "代表性启发"：一方面，学生若从主观的视角解释和理解概率问题，他们头脑中的 "中庸思维" 模式常常导致其作出 "亲近一般结果，远离特殊结果" 的判断；另一方面，学生对概率的 "可度量性" 缺乏认识，这使得他们很难想到从可靠的方法（即基于列举法求概率）出发进行推导，从而陷入了 "代表性启发" 的泥沼。

在本研究中，"样本空间" 对 "可度量性直觉"（路径系数为 0.298，$p<0.01$）及 "客观性直觉"（路径系数为 0.277，$p<0.001$）均有显著的直接正向影响，对 "概率计算" 也有显著的直接正向影响（路径系数为 0.175，$p<0.001$）；"可度量性直觉"（路径系数为 0.270，$p<0.01$）及 "客观性直觉"（路径系数为 0.239，$p<0.001$）对 "概率计算" 均有显著的直接正向影响。"样本空间" 通过 "可度量性直觉"（路径系数为 0.080，$p<0.001$）及 "客观性直觉"（路径系数为 0.066，$p<0.001$）对 "概率计算" 有显著的间接正向影响。在 "样本空间" 对 "概率计算" 的两条间接影响路径中，通过 "可度量性直觉" 和 "客观性直觉" 的影响效应量分别达到 24.9% 和 20.6%。

综上所述，"可度量性直觉" 和 "客观性直觉" 均是影响学生进行概率计算的关键性正向因素，样本空间概念的加深则能够积极促进上述正向因素，并能据此进一步促进学生的概率计算和概率比较能力。这说明样本空间概念的发展对学生概率计算的学习至关重要，与此同时，培养学生对概率的 "可度

[1] 何声清，巩子坤. 7—9 年级学生概率比较的策略及其发展，数学教育学报，2017，26（2）：41-45.

量性直觉"及"客观性直觉"也不可或缺。对概率客观性、可度量性的认识是学习后续概率内容的基本前提，概率学的存在意义也在于：尽管随机事件看似是不可捉摸的，但是随机中蕴含着规律、杂乱中蕴含着稳定，概率知识就是帮助我们认识周围的随机现象的。因此，学生对概率客观性的认识也是影响其后续概率内容学习的重要变量。

三、对课堂教学的建议

在本研究中，"等可能性偏见"和"代表性启发"均是影响学生进行概率比较的关键性负面因素，而样本空间概念的加深则能够有效地消除上述负面因素，并且能够通过消减上述负向因素来促进学生的概率比较能力。"样本空间"通过"等可能性偏见"及"代表性启发"对"概率比较"的间接影响显著且效应量达到三成以上，这说明，消减上述负向因素对学生学习概率比较的促进作用不容忽视。鉴于上述分析，在学生学习概率比较时，我们一方面要加强其对样本空间概念的理解，一方面我们还要有针对性地消除他们不良的概率直觉。

关于如何在教学在帮助学生消除不良直觉，研究者提出如下建议。

1. 关于帮助学生消除"等可能性偏见"的建议

学生在概率学习中常常表现出两类"等可能性偏见"，它们的诱因基本相似。首先，它们都源自学生对"等可能性"的曲解。例如，同时掷两枚质地均匀的骰子，其所有可能结果为 { (1，1)，(1，2)，… (1，6)；(2，1)，(2，2)，… (2，6)；(3，1)，(3，2)，… (3，6)；(4，1)，(4，2)，… (4，6)；(5，1)，(5，2)，… (5，6)；(6，1)，(6，2)，… (6，6) }，每个结果是"等可能"的，但掷出结果为"一个是'1'另一个是'2'"与"两个都是'1'"的概率则不相等。其次，它们都是"等分思维"惹的祸。在本研究的访谈中亦可发现，不少被试认为"既然这几个结果都有可能，那么它们的概率是一样的"。生活中诸如此类的例子数见不鲜。以投篮命中率问题为例，假设某位篮球运动员的罚球命中率在 90% 以上，在训练中的某次罚球前，我们可以基本认为他进球的概率很大：如果将他这次罚球与之前几百次罚球连贯起来看（我们一般认为，球员的罚球水准是基本稳定的），他以往的罚球命中率可以作为本次罚球命中率的参考。而有的学生则会认为他罚球命中的概率为 $\frac{1}{2}$，因为"要么进，要么不进"。

如何帮助学生摆脱"等可能性偏见"这一不良直觉？研究者认为：第一，教师应帮助学生在对随机性术语的理解与概率的定量计算之间建立联系。随机性术语主要涉及"可能""一定""不可能"等词汇。以"可能"为例，它仅意味着有可能发生，但无法说明有多大的可能发生。它仅仅表示结果的多种可能性，而关于可能性大小这个问题要等到学习概率定量化阶段才真正涉及。然而研究表明，学生常常认为"很可能发生"就是"必然会发生"，"不太可能发生"就是"绝对不会发生"，"可能发生"就是"有 50% 的机会发生"[1]。因此，教师应引导学生正确理解上述术语的内涵，并将其与概率计算等内容建立联系。第二，教师应引导学生找到可靠法则进行概率计算。古典概率计算的可靠法则基于样本空间。在帮助学生发展知识基础以外，教师还应引导学生体会概率内容所渗透的数学思想。第三，关于如何矫正学生在上述篮球运动员罚球例子中的不良直觉，史宁中教授给研究者提供了一个颇巧妙的方法：如果学生顽固地认为"罚进"与"罚不进"的概率都是 $\frac{1}{2}$，教师可以反问他："如果你与这名球员站在一个球场上进行罚球比赛，你相信你和他的命中率是同等水平的吗？即你认为你们罚进的概率都是 $\frac{1}{2}$ 吗？"

2. 关于帮助学生消除"代表性启发"的建议

本研究表明，学生概率学习过程中持有的"代表性启发"常常与其对概率可度量性认识的不足有关，由此导致他们难以寻求到可靠法则进行概率计算。

如何帮助学生摆脱"代表性启发"这一不良直觉？笔者认为有这几点做法：第一，帮助学生加强对概率可度量性的认识。教师要引导学生认识到"可能性的大小"是可以被数学地度量出来的。事实上，概率学的魅力也正因此被体现出来：大数据无处不在，我们的生活中处处充满着随机性，但我们在处理随机问题时实则有理可循。第二，借助极端案例引发认知冲突，引导学生在概率决策时摒弃主观臆断。学生在面临概率计算、概率比较等问题情境时常常放弃理论推演，转而诉诸主观臆断或寻求一套自认为合理的规则。例

---

[1] 李俊. 中小学概率的教与学 [M]. 上海：华东师范大学出版社，2003.

如，"代表性启发"这类不良直觉与"中庸思维"似有异曲同工之处，学生在概率决策时信奉着"摸出黑白配更有一般性，两个都是白球则显得十分极端"这样的"法则"。在实际教学中，访谈资料中的两个极端案例（详见"被试SHNX0702013"的访谈资料）不妨一试：如果盒子里有1个黑球和3个白球，摸出"1个白球和1个黑球"的概率仍然更大吗？如果盒子里有1个黑球和99个白球，摸出"1个白球和1个黑球"又谈何容易？进而引导学生反思：类似于"黑白配概率更大"的解释是否显得苍白无力了呢？

第八章

反思与展望

第一节 研究的创新

一、厘清了初中生概率内容学习进阶的序列

国外数学教育领域有关学习进阶的研究近年来开始兴起,但鲜有研究对概率内容的学习进阶进行探索;国内数学教育领域有关学习进阶的研究才刚刚起步,实证研究则更少。

国外关于概率概念理解水平、认知发展的研究自 20 世纪就开始萌芽[1, 2],国内数学教育研究者在近年来也一直持续地对该话题展开探索[3-5]。研究者自认为本研究从宏观上看尚未逃离"概念发展""认知发展"等研究的范畴,但与以往研究相比的创新之处在于,本研究较科学地厘清了学生概率内容学习进阶的序列。一方面,以往研究对于学生概率内容理解水平、学习表现等方面的考察大都以某个具体子概念为载体,其所划分的学生认知水平也仅仅局限于该子概念本身。另一方面,和函数、三角形等核心概念一样,概率是一个"大概念"(big idea),它包含了若干子概念,这些子概念形成了概率概念的体系。学生对于概率概念的学习不是一蹴而就的,而是从低阶概念向高阶概念跳跃的。本研究正是基于这个视角,先后经历理论梳理、概念解构、假设学习

[1] Piaget J & Inhelder B. The origin of the idea of chance in children [M]. New York: Norton, 1975.

[2] Shaughnessy J M. (1992). Research in probability and statistics: reflections and directions [M]. In D A Grouws (Ed.), Handbook of research on mathematics teaching and learning. New York: Macmillan, 1992: 465–494.

[3] 高海燕 . 6—12 岁儿童对概率概念的理解 [D]. 杭州:杭州师范大学,2011.

[4] 付明力 . 新课程背景下高中生对概率概念理解的研究 [D]. 北京:首都师范大学,2014.

[5] 许婷婷 . 高一学生概率认知发展水平的调查研究 [D]. 苏州:苏州大学,2014.

进阶、收集实验数据、验证学习进阶等步骤，厘清了学生古典概率学习进阶的序列。

二、构建了影响概率内容学习进阶的因素模型及其作用机制

本研究作为一项更微观、更具体的研究，考察的是学生概率内容学习进阶的影响因素，研究者认为势必要在众多的变量中厘清最核心、最关键的若干因素。除此之外，本研究在厘清影响学生概率内容学习进阶的关键因素时还考量了其可操作性。

还值得提及的是，本研究考察的是"学习进阶的影响因素"而非"学习表现的影响因素"。换言之，本研究要探索的是"在学习概率内容时，哪些因素在学生从低阶概念向高阶概念跳跃时起到积极或消极作用"以及"它们是如何影响学生的概率概念从低阶向高阶跳跃的"这两个问题，而并非仅仅考察"哪些因素影响了学生对概率概念的理解"。

古典概率学习进阶的影响因素模型及其作用机制详见图7-1。在概率的教学实践中，该模型可供教师参考。

三、在数据分析方面突破了经典测量理论的局限

关于学习进阶的考察，传统的经典测量理论存在明显的局限。例如，个体的真实得分是一个假设的数据，它指的是假如被试在同等难度的测试项目中无限地作答，他所获得的平均分即代表其真实得分。实际上，当被试 a 接受某种特定的测验时，研究所获知的仅仅是观察得分 X_a，而并不能准确知晓其真实得分 T_a。本研究采用项目反应理论的拉什模型对此进行分析。在该模型中，被试能力与项目难度具有恒常性，题目难度和学生能力在一把量尺上：学生的能力值不因测试项目的难度而改变，测试项目的难度也不因受测群体的能力大小而改变。换言之，不同被试在同一测试项目的不同表现完全取决于被试间的能力差异。上述的样本独立性和工具独立性保证了从客观上根据项目难度刻画学生的能力值。

关于学习进阶影响因素的考察，仅仅依靠传统的回归分析显然难以实现。

第一，本研究并非仅仅探查"学习表现的影响因素"，还要探查"学习进阶的影响因素"。"学习表现的影响因素"借助回归分析即可实现，但"学习进阶的影响因素"刻画的是"从低阶概率概念向高阶概率概念'跳'的过程中，受到哪些因素的影响、怎样影响"，这需要借助结构方程模型才能实现。换言之，结构方程模型能够更好地刻画各个变量之间的复杂关系。第二，结构方程模型系统性地将测量模型和结构模型全纳其中，一举实现了测量和分析的任务，并且大大降低了统计误差。第三，结构方程模型注重多重指标的运用，它的配适度参考的指标更加多元，研究者需要协同考虑各个参考指标的拟合程度来最终判断模型的适切性，这确保了模型构建的科学性。

第二节　研究的局限

从样本的代表性来看：其一，受研究条件所限，关涉被试均来自同一个地区；其二，尽管采取分层取样从"优秀""良好"及"一般"三类学校抽取被试，但样本量仅为1000左右。受人力、物力所限，研究者在被试抽取时只能尽可能做到分层取样，但难以获取更大范围的被试。

在我国当前的中小学数学课程标准和数学教材中，古典概率和频率概率是学生最常见的、接触最多的两类概率内容。除此之外，中小学教材中还出现了朴素的几何概率模型。因此从理论上说，对中小学生概率内容学习进阶的考察在任务设计时应兼顾上述三类概型。在实际研究时，研究者分别探查了古典概率和频率概率的学习进阶、影响因素及作用机制，获得了大量的研究数据和结论。但是，考虑到本书篇幅问题，作者删除了频率概率的研究部分。因此，本书尚不能呈现初中生对古典概率和频率概率学习进阶及其影响因素的全景。

第三节　研究的展望

　　本研究的主体是学生概率内容的学习进阶及其影响因素、作用机制。未来研究可以基于本研究的结论，精心设计基于概率内容学习进阶的教学路径并考察其对学生学习的影响。

　　本研究选取了三个年级学生为样本，基于横断面数据探索了学生的学习进阶规律，也分析了不同年级学生进阶幅度的差异。横断面研究的优势是能够获得较大样本，但缺少对学习过程数据的收集。如果能对学生进行较长时间的追踪研究，从纵向上刻画学生的学习进阶规律，将会获得更多有价值的信息。未来研究将侧重小样本数据，即时收集学生在不同年级时的过程数据，基于纵向数据开展关于学生概率学习进阶规律的研究。

参考文献

英 文

[1] Alonzo A C & Steedle J T. Developing and assessing a force and motion learning progression [J]. Science Education, 2009, 93 (3): 389–421.

[2] Alonzo A & Gotwals A. Learning progressions in science [M]. Rotterdam: Sense Publishers, 2012.

[3] Amir G S & Williams J S. Cultural influences on children's probabilistic thinking [J]. Journal of Mathematical Behavior, 1999, 18 (1): 85–107.

[4] Australian Education Council. A national statement on mathematics for Australian schools [S]. Carlton, VIC: Curriculum Corporation, 1991.

[5] Bandalos D L. The effects of item parceling on goodness-of-fit and parameter estimate bias in structural equation modeling [J]. Structural Equation Modeling Journal, 2002, 9 (1): 78–102.

[6] Batanero C & Serrano L. The meaning of randomness for secondary school students [J]. Journal for Research in Mathematics Education, 1999, 30 (5): 558–567.

[7] Batanero C, Green D R & Serrano L R. Randomness, its meaning and educational implications [J]. International Journal of Mathematical Education in Science and Technology, 1998, 29 (1): 113–123.

[8] Batanero C, Henry M & Parzysz B. The nature of chance and probability [M]. In G. A. Jones (Ed.), Exploring probability in school: Challenges for teaching and learning, New York: Springer, 2005: 15–37.

[9] Batanero C, Navarro P V & Godino J D. Effect of the implicit combinatorial model on combinatorial reasoning in secondary school pupils [J]. Educational Studies in Mathematics, 1997, 32 (2): 181–199.

[10] Batanero C, Serrano L & Garfield J B. Heuristics and biases in secondary school students' reasoning about probability [C]. In L Puig & A Gutihez (Eds.), Proceedings of the 2nd conference of the International Group for the Psychology of Mathematics Education. Valencia, Spain: University of Valencia, 1996: 51–58.

[11] Beauducel A & Wittmann W W. Simulation study on fit indexes in CFA based on data with slightly distorted simple structure [J]. Structural Equation Modeling, 2005, 12 (1): 41–75.

[12] Biggs J B. Individual differences in study processes and the quality of learning outcomes [J]. Higher Education, 1979, 8 (4): 381–394.

[13] Biggs J B & Collis K F. Evaluating the quality of learning:The SOLO taxonomy [M]. New York: Academic Press, 1982: 17–35.

[14] Biggs J B & Collis K F. Multimodal learning and the quality of intelligent behavior [M]. In H Rowe (Ed.), Intelligence, Reconceptualization and Measurement. New Jersey: Lawrence Erlbaum Assoc. 1991: 57–76.

[15] Bond T G & Fox C M. Applying the Rasch model: Fundamental measurement in the human science [M]. Mahwah, New Jersy: Lawrence Erlbaum Associate, 2007: 285–286.

[16] Borovcnik M & Bentz H. Empirical research in understanding probability [M]. In R Kapadia & M Borovcnik (Eds.), Chance Encounters: Probability in Education. Dordrecht: Kluwer Academic Publishers, 1991: 73–105.

[17] Borovcnik M & Peard R. Probability [M]. In A J Bishop, K Clements, C Keitel, J Kipatrick & C Laborde (Eds.). International handbook in mathematics education. Dordrecht: Kluwer, 1996: 239–288.

[18] Bruner J. The process of education [M]. Cambridge, MA: Harvard University Press, 1960.

[19] Byrne B. M. Structural equation modeling with EQS: Basic concepts, applications, and programming (2nd ed.) [M]. Mahwah, NJ: Erlbaum, 2006.

[20] Campbell K J, Watson J M & Collis K F. Volume measurement and intellectual development [J]. Journal of Structural Learning, 1992, 11 (3): 279–298.

[21] Carpenter T P. What are the chances of your students knowing

probability? [J] The Mathematics Teacher, 1981, 74 (5): 342–343.

[22] Carpenter T P & Lehrer R. Teaching and learning mathematics with understanding [M]. In E Fennema & T A Romberg (Eds.), Classrooms that promote mathematics understanding. Mahwah, NJ: Eelbaum, 1999: 19–32.

[23] Catley K, Lehrer R & Reiser R. Tracing a progressive learning progression for developing understanding of evolution [M]. Washington, D. C.: National Academy of Science, 2005.

[24] Chernoff E J. Sample space partitions: an investigative lens [J]. Journal of Mathematical Behavior, 2009, 28 (1): 19–29.

[25] Chernoff E J. The state of probability measurement in mathematics education: a first approximation [J]. Philosophy of Mathematics Education Journal, 2008, 23: 1–23.

[26] Chernoff E J & Zazkis R. From personal to conventional probabilities: from sample set to sample space [J]. Educational Studies in Mathematics, 2011, 77 (1): 15–33.

[27] Collins Australian Pocket English Dictionary [M]. Sydney: William Collins & Sons, 1981.

[28] Collis K F. Curriculum and assessment: a basic cognitive model [M]. In G Leder (Ed.), Assessment and learning of mathematics. Hawthorn, Vic.: Australian Council for Educational Research, 1992: 24–25.

[29] Conference Board of the Mathematical Sciences. The mathematical education of teachers [M]. American Mathematical Society, 2001.

[30] Corcoran T, Mosher F A & Rogat A. Learning progressions in science: An evidence-based approach to reform [R]. Consortium for Policy Research in Education, Philadelphia, 2009.

[31] DeVries R. Piaget and Vygotsky: Theory and practice in early education [M]. In T L Good (Ed.), 21st century education: A reference handbook. Thousand Oaks: SAGE Publications, Inc ,2008: 184–193.

[32] Driver R, Leach J, Scott P & Wood-Robinson C. Young people's understanding of science concepts: Implications of cross-age studies for curriculum

planning [J]. Studies in Science Education, 1994, 24: 75–100.

[33] Duncan R G & Hmelo-Silver C E. Learning progressions: Aligning curriculum, instruction, and assessment [J]. Journal of Research in Science Teaching, 2009, 46 (6): 606–609.

[34] Duschl R, Maeng S & Sezen A. Learning progressions and teaching sequences: A review and analysis [J]. Studies in Science Education, 2011, 47 (2): 123–182.

[35] Engel J H & Sedlmeier P C. On middle school students' comprehension of randomness and chance variability in data [J]. Zentralblatt für Didaktik der Mathematik, 2005, 37 (3): 168–177.

[36] English L D. Combinatorics and the development of children's combinatorial reasoning [M]. In G A Jones (Ed.), Exploring Probability in School, 2005: 121–141.

[37] Falk R. Revision of probability and the time axis [C]. In Proceedings of the third International Conference for the Psychology of Mathematics Education, Warwick, U K: Organising Committee, 1979: 64–66.

[38] Fischbein E & Grossman A. Schemata and intuition in combinatorical reasoning [J]. Educational Studies in Mathematics, 1997, 34 (1): 27–47.

[39] Fischbein E. The intuitive sources of probabilistic thinking in children [M]. Dordrecht, Reidel, 1975.

[40] Fischbein E & Schnarch D. The evolution with age of probabilistic, intuitively based misconceptions [J]. Journal of Research in Mathematics Education, 1997, 28 (1): 96–105.

[41] Fischbein E, Sainati Nello M & Sciolis Marino M. Factors affecting probabilistic judgments in children and adolescents [J]. Educational Studies in Mathematics, 1991, 22 (6): 523–549.

[42] Gal I. Adult statistical literacy: Meanings, components, responsibilities [J]. International Statistical Review, 2002, 70 (1): 1–25.

[43] Ginsburg H P & Opper S. Piaget's theory of intellectual development [M]. Englewood Cliffs, NJ: Prentice Hall, 1988.

[44] Gras R & Totohasina A. Chronology and causality, conceptions sources of epistemological obstacles in the notion of conditional probability [J]. Recherches en Didactique des Mathbmatiques. 1995. 15 (1): 49–95.

[45] Green D R. Children's understanding of randomness: Report of a survey of 1600 children aged 7 to 11 years [C]. In R Davidson & J Swift (Eds.), Proceeding of the Second International Conference on Teaching Statistics. Victoria, BC, Canada: University of Victoria, 1988: 287–291.

[46] Green D R. Probability concepts in 11—16 year old pupils [M]. Center for Advancement of Mathematical Education in Technology, University of Loughborough,1982.

[47] Greer B. Understanding probabilistic thinking: The legacy of Efraim Fischbein [J]. Educational Studies in Mathematics, 2001, 45: 15–33.

[48] Greer G & Mukhopadhyay S. Teaching and learning the mathematization of uncertainty: Historical, cultural, social and political contexts. In G A Jones (Ed.), Exploring probability in school: Challenges for teaching and learning. New York: Springer, 2005: 297–324.

[49] Gürbüz R & Birgin O. The effects of computer-assisted teaching on remedying misconception: the case of the subject "probability" [J]. Computers & Education, 2011, 58 (3): 931–941.

[50] Hawkins A S & Kapadia R. Children's conception of probability: A psychological and pedagogical review [J]. Educational Studies in Mathematics, 1984, 15 (4): 349–377.

[51] Hess K, Kurizaki V & Holt L. Reflections on Tools and Strategies Used in the Hawai'i Progress Maps Project: Lessons from Learning Progressions [EB/OL].

[52] Hill H C, Ball D L & Schilling S G. Content knowledge: Conceptualizing and measuring teachers' topic-specific knowledge of students [J]. Journal for Research in Mathematics Education, 2008, 39 (4): 372–400.

[53] Inagaki K. Piagetian and post-Piagetian conceptions of development and their implications for science education in early childhood [J]. Early Childhood

Research Quarterly, 1992, 7 (1): 115–133.

[54] Jones G A, Langrall C W, Thornton C A & Mogill A T. A framework for assessing and nurturing young children's thinking in probability [J]. Educational Studies in Mathematics, 1997, 32 (2): 101–125.

[55] Jones G A, Langrall C W, Thornton C A & Mogill A T. Students' probabilistic thinking in instruction [J]. Journal for Research in Mathematics Education, 1999, 30 (5): 488–519.

[56] Jones G A, Langrall C W & Mooney E S. Research in probability: Responding to classroom realities [M]. In F Lester (Ed.), Second handbook of research on teaching and learning mathematics. Reston, VA: The National Council of Teachers of Mathematics, 2007: 909–955.

[57] Jones G A, Langrall C W, Thornton C A & Mogill A T. Students' probabilistic thinking in instruction [J]. Journal for Research in Mathematics Education, 1999, 30: 487–519.

[58] Kafoussi S. Can kindergarten children be successfully involved in probabilistic tasks? [J]. Statistics Education Research Journal, 2004, 3 (1): 29–39.

[59] Kahneman D & Tversky A. Subjective probability: A judgment of representativeness [J]. Cognitive Psychology, 1972, 3 (3): 430–454.

[60] Kahneman D, Slovic P & Tversky A. Judgment under uncertainty: Heuristics and biases [M]. Cambridge, UK: Cambridge University Press, 1982.

[61] Konold C. Informal conceptions of probability [J]. Cognition and Instruction, 1989, 6 (1): 59–98.

[62] Konold C. Understanding students' beliefs about probability [M]. In E von Glasersfeld (Ed.), Radical constructivism in mathematics education. Dordrecht, The Netherlands: Kluwer, 1991: 139–156.

[63] Konold C, Pollatsek A, Well A, Lohmeier J & Lipson A. Inconsistencies in students' reasoning about probability [J]. Journal for Research in Mathematics Education, 1993, 24 (5): 392–414.

[64] Kvatinsky T & Even R. Framework for teacher knowledge and understanding of probability [C]. In B Phillips (Ed.), Proceedings of the Sixth

International Conference on the Teaching of Statistics. Cape Town, South Africa: International Statistical Institute, 2002: 30–46.

[65] Lange J. Mathematical literacy for living from OECD-PISA perspective [J]. Tsukuba Journal of Educational Study in Mathematics, 2006 (25): 13–35.

[66] Langrall C & Mooney E. Characteristics of elementary school students' probabilistic reasoning [M]. In G Jones (Ed.), Exploring probability in school: Challenges for learning and teaching. New York: Springer, 2005: 95–119.

[67] Lecoutre M P. Cognitive models and problem spaces in "purely random" situations [J]. Educational Studies in Mathematics, 1992, 23 (6): 557–568.

[68] Li J & Pereira-Mendoza L. Misconceptions in probability [C]. In B Phillips (Ed.), Proceedings of the Sixth International Conference on Teaching Statistics, Cape Town, South Africa. Voorburg, The Netherlands: International Statistical Institute, 2002.

[69] Liu Y & Thompson P. Teachers' understanding of probability [J]. Cognition and Instruction, 2007, 25 (2): 113–160.

[70] Merritt J D, Krajcik J & Shwartz Y. Development of a learning progression for the particle model of matter [C]. ICLS'08 Proceedings of the 8th international conference on International conference for the learning sciences, 2008.

[71] Metz K. Emergent understanding and attribution of randomness: Comparative analysis of the reasoning of primary grade children and undergraduates [J]. Cognition and Instruction, 1998, 16(3): 285–365.

[72] Ministry of Education. Mathematics in the New Zealand curriculum [S]. Wellington: Ministry of Education, 1992.

[73] Moore D S & Cobb G W. Statistics and mathematics: Tension and cooperation [J]. The American Mathematical Monthly, 2000, 107 (7): 615–630.

[74] Moritz J B & Watson J M. Reasoning and expressing probability in students' judgments of coin tossing [C]. In J Bana & A Chapman (Eds.). Mathematics education beyond 2000: Proceedings of the 23rd annual conference of the Mathematics Education Research Group of Australasia. Perth, WA: MERGA,

参考文献

2000: 448–455.

[75] Munisamy S & Doraisamy L. Levels of understanding of probability concept among secondary school pupils [J]. International Journal of Mathematical Education in Science and Technology, 1998, 29 (1): 39–45.

[76] National Council of Teachers of Mathematics. Curriculum and evaluation standards for school mathematics [S]. Reston, VA: Author, 1989.

[77] National Council of Teachers of Mathematics. Principles and standards for school mathematics [S]. Reston, VA: NCTM, 2000.

[78] National Research Council. A framework for K-12 science education: Practice, crosscutting concepts, and core ideas [M]. Washington, D. C.: The National Academies Press, 2012.

[79] National Research Council. Knowing what students know: The science and design of educational assessment [M]. Washington, DC: The National Academies Press, 2001.

[80] National Research Council. Systems for State Science Assessment [M]. Washington, D. C. : The National Academies Press, 2005.

[81] National Research Council. Tanking science to school: Learning and teaching science in grade K-8 [M]. Washington, D. C.: The National Academy Press, 2006.

[82] Nicolson C P. Is chance fair? One student's thoughts on probability [J]. Teaching Children Mathematics, 2005, 12 (2): 83–89.

[83] Nikiforidou Z & Pange J. The Notions of Chance and Probabilities in Preschoolers [J]. Early Childhood Education Journal, 2010, 38 (4): 305–311.

[84] Nikiforidou Z & Pange J. Sample space and the structure of probability combinations in preschoolers [C]. In D Pitta-Pantazi & G Philippou (Eds.), Proceedings of CERME 5, Larnaca, Cyprus, 2007: 782–790.

[85] Nilsson P & Li J. Teaching and Learning of Probability [C]. In S J Cho (Ed.), The Proceedings of the 12th International Congress on Mathematical Education: Intellectual and Attitudinal Challenges. New York: Springer, 2015: 437–442.

[86] Pange J. Teaching probabilities and statistics to preschool children [J]. Information Technology in Childhood Education, 2003, (1): 163–172.

[87] Parker J M, delosSantos E X & Anderson C W. What learning progressions on carbon-transforming process tell us about how students learn to use the Law of Conservation of Matter and Energy [J]. Education Quimica, 2013, 24 (4): 399–406.

[88] Piaget J & Inhelder B. The origin of the idea of chance in children [M]. New York: Norton, 1975.

[89] Pratt D. Making sense of the total of two dice [J]. Journal for Research in Mathematics Education, 2000, 31 (5): 602–625.

[90] Rasch G. Probabilistic models for some intelligence and attainment tests [M]. Copenhagen: Danmarks Paedagogiske Institute, 1960.

[91] Roberts L, Wilson M & Draney K. The SEPUP Assessment System: An Overview. BEAR Report Series [R]. Berkeley: University of California, 1997.

[92] Roseman J E, Caldwell A, Gogos A & Kurth L. Mapping a coherent learning progression for the molecular basis of heredity [M]. The National Association for Research in Science Teaching Annual Meeting. San Francisco, CA, 2006.

[93] Salinas I. Learning progressions in science education :Two approaches for development [C]. The Learning Progressions in Science Conference, Iowa City, IA, 2009, 1.

[94] Savard A. From "real life" to mathematics: a way for improving mathematical learning [R]. Paper presented at the 11th International Congress on Mathematics Education, Monterrey, Mexico, 2008, July 6–13.

[95] Savard A. Simulating the risk without gambling: can student conceptions generate critical thinking about probability? [R]. Paper presented at the international conference on teaching statistic (ICOTS 8), Ljubljana, Slovenia, 2010, July 5–9.

[96] Schmidt W, Houang R & Cogan L. A coherent curriculum: A case of mathematics [J]. American Educator, 2002, 26 (2): 10–26.

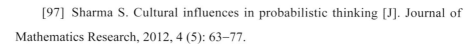
[97] Sharma S. Cultural influences in probabilistic thinking [J]. Journal of Mathematics Research, 2012, 4 (5): 63–77.

[98] Shaughnessy J M. Research in probability and statistics: Reflections and directions [M]. In D A Grouws (Ed.), Handbook of research on mathematics teaching and learning. Reston, VA: National Council of Teacher of Mathematics, 1992: 465–494.

[99] Shaughnessy J M. Research on students' understandings of probability [M]. In J Kilpatrick, W G Martin & D Schifter (Eds.), A research companion to principles and standards for school mathematics. Reston, VA: National Council of Teachers of Mathematics, 2003: 216–226.

[100] Shaughnessy J M & Pfannkuch M. How faithful is old faithful? Statistical thinking: A story of variation and prediction [J]. Mathematics Teacher, 2004, 95 (4): 252–259.

[101] Shavelson R & Kurpius A. Reflections on learning progressions [M]. In Alonzo A & Gotwals A (Eds.). Learning Progressions in Science, Sense Publishers, 2012: 13–26.

[102] Siegler R S. Emerging minds: The process of change in children's thinking [M]. New York: Oxford University Press, 1996.

[103] Siegler R S. Microgenetic analyses of learning [M]. In W Damon & R M Lerner (Eds.), Handbook of child psychology: Volume 2: Cognition, perception, and language. Hoboken, NJ: Wiley, 2006: 464–510.

[104] Smith C, Anderson C, Krajcik J & Coppola B. Implications of research on children's learning for assessment: Matter and atomic molecular theory [R]. Paper commissioned by the Committee on Test Design for K-12 Science Achievement, Center for Education, National Research Council, 2004.

[105] Smith C, Wiser M, Anderson CW & Krajcik J. Implications of research on children's learning for standards and assessment: A proposed learning progression for matter and the atomic molecular theory [J]. Measurement: Interdisciplinary Research and Perspectives, 2006, 4 (1–2): 1–98.

[106] Smith P K & Cowie H. Understanding children's development [M].

Basil Blackwell Ltd, UK, 1988.

[107] Songer B N, Kelcey B & Gotwals A W. How and when does complex reasoning occur? Empirically driven development of a learning progression focused on complex reasoning about biodiversity [J]. Journal of Research in Science Teaching, 2009, 46 (6): 611–631.

[108] Songer N. An intimate intertwining of content and practice: A learning progression for Climate Change Niology [R]. Paper presented at the Annual Meeting of the National Association for research on Science Teaching, Orlando, 2011.

[109] Steen L A. Mathematics and democracy: The case for quantitative literacy [M]. New Jersey: The Woodrow Wilson National Fellowship Foundation, 2001.

[110] Stevens S, Shin N & Krajcik J. Towards a model for the development of an empirically tested learning progression [C]. Learning Progressions in Science Conference, Iowa City, 2009.

[111] Stevens S Y, Delgado C & Krajcik J S. Developing a hypothetical multidimensional learning progression for the nature of matter [J]. Journal of Research in Science Teaching, 2010, 47 (6): 687–715.

[112] Stevens S Y, Namsoo S & Krajcik J S. Developing a learning progression for the nature of matter as it relates to Nanoscience [EB/OL]. http://www.umich.edu/—hiceweb/PDFs/2007/UM_LP_AERA_2007.pdf.

[113] Stevens S Y, Shin N & Krajcik J S. Towards a model for the development of an empirically tested learning progression [C]. Iowa: Learning Progression in Science Conference, 2009, 4.

[114] Tarr J E & Lannin J K. How can teachers build notions of conditional probability and independence? [M]. In Exploring Probability in School. Springer, Boston, M A, 2005: 215-238.

[115] Truran K M. Children's understandings of random generators [C]. In C Beesey & D Rasmussen (Eds.), Mathematics Without Limits, Proceedings of the 31st Annual Conference of the Mathematical Association of Victoria. Melbourne,

参考文献

1994: 356–362.

[116] Usiskin Z. Grade 7 to 12 learning progressions in mathematics content [R]. Paper presented at APEC Conference on Replicating Exemplary Practice in Mathematics Education, Koh Samui, Thailand, 2010.

[117] Vahey P. Learning probability through the use of a collaborative, inquiry-based simulation environment [J]. Interactive Learning Research, 2000, 11 (1): 51–84.

[118] Watson J D & Moritz J B. The development of comprehension of chance language: Evaluation and interpretation [J]. School Science and Mathematics, 2003, 103 (2): 65–80.

[119] Watson J M & Kelly B A. Expectation versus variation: Students' decision making in a sampling environment [J]. Canadian Journal of Science, Mathematics and Technology Education, 2006, 6 (2): 145–166.

[120] Watson J M. Statistical literacy at school: Growth and goals [M]. Mahwah, NJ: Lawrence Erlbaum, 2006.

[121] Watson J M, Collis K F & Campbell K J. Developmental structure in the understanding of common and decimal fractions [J]. Focus on Learning Problems in Mathematics, 1995, 17 (1): 1–24.

[122] Watson J M, Collis K F & Moritz J B. The development of chance measurement [J]. Mathematics Education Research Journal, 1997, 9 (1): 60–82.

[123] Watson J M & Moritz J B. Longitudinal development of chance measurement [J]. Mathematics Education Research Journal, 1998, 10 (2): 103–127.

[124] Way J. The development of children's notions of probability [D]. Doctoral Dissertation of University of Western Sydney, 2003.

[125] Western and Northern Canadian Protocol Common Curriculum Framework for K-9 Mathematics. The common curriculum framework for K-9 mathematics [S]. Alberta Education, Alberta, Canada, 2006.

[126] Wilson M R. Measuring progressions: Assessment structures underlying a learning progression [J]. Journal of Research in Science Teaching, 2009, 46 (6): 716–730.

[127] Windschitl M, Thompson J & Braaten M. How novice science teachers appropriate epistemic discourses around model-based inquiry for use in classrooms [J]. Cognition and Instruction, 2008, 26 (3): 310–378.

[128] Windschitl M, Thompson J & Braaten M. Ambitious pedagogy by novice teachers: Who benefits from tool-supported collaborative inquiry into practice and why? [J]. Teachers College Record, 2011, 113 (7): 1311–1360.

[129] Wiser M & Smith C L. Teaching about matter in grades K-8: When should the atomic molecular theory be introduced? [M] In S Vosniadou (Ed.), International handbook of research on conceptual change. New York, NY: Routledge, 2008: 205–239.

[130] Zapata Cardona L. How do teachers deal with the heuristic of representativeness? [R]. Paper presented at the international congress on mathematics education (ICME 11), Monterrey, Mexico, 2008.

参考文献

中　文

[1] 鲍建生，周超 . 数学学习的心理基础与过程 [M]. 上海：上海教育出版社，2009.

[2] 曹子方，赵淑文，孙昌识，等 . 国内五个地区 5—15 岁儿童交集概念的发展研究：儿童认知发展研究（I）[J]. 心理科学通讯，1983（5）：3-10+65.

[3] 曾国光 . 中学生函数概念认知发展研究 [J]. 数学教育学报，2002（2）：99-102.

[4] 付明力 . 新课程背景下高中生对概率概念理解的研究 [D]. 北京：首都师范大学，2014.

[5] 高海燕 . 6—12 岁儿童对概率概念的理解 [D]. 杭州：杭州师范大学，2011.

[6] 巩子坤，何声清 . 6—14 岁儿童的概率概念认知发展 [J]. 教育研究与实验，2017（6）：83-88.

[7] 巩子坤，宋乃庆 . "统计与概率"的教学：反思与建议 [J]. 人民教育，2006（21）：24-27.

[8] 巩子坤，殷文娣，何声清 . 9—14 岁儿童概率认知与四类认知的关系研究 [J]. 杭州师范大学学报（自然科学版），2017，16（6）：580-586.

[9] 桂德怀 . 中学生代数素养内涵与评价研究 [D]. 上海：华东师范大学，2011.

[10] 何声清，巩子坤 . 11—14 岁学生关于可能性比较的认知发展研究 [J]. 数学教育学报，2013，22（5）：57-61.

[11] 何声清，巩子坤 . 7—9 年级学生概率比较的策略及其发展 [J]. 数学教育学报，2017，26（2）：41-45.

[12] 何声清，巩子坤 . 7—9 年级学生概率认知中的"等可能性偏见"研究 [J]. 数学通报，2017，56（6）：13-17.

[13] 何声清 . 六年级学生对高阶概率内容的认知：潜能与局限 [J]. 数学教育学报，2018，27（3）：57-61.

[14] 何声清 . 数学教师 KCS 与学生认知的一致性研究：以"概率"内容为例 [J]. 数学教育学报，2019，28（1）：25-29.

[15] 皇甫倩，常珊珊，王后雄．美国学习进阶的研究进展及启示 [J]. 外国中小学教育，2015（8）：53-59+52.

[16] 黄琼．化学学习中学生科学推理能力的发展研究 [D]. 北京：北京师范大学，2012.

[17] 柯普兰．儿童怎样学习数学 [M] 李其维，康清镳，译．上海：上海教育出版社，1985.

[18] 李俊．论统计素养的培养 [J]. 浙江教育学院学报，2009（1）：10-15.

[19] 李俊．学习概率中认知的发展 [J]. 数学教育学报，2002（4）：1-5.

[20] 李俊．中小学概率的教与学 [M]. 上海：华东师范大学出版社，2003.

[21] 李文玲，张厚粲．教育与心理定量研究方法与统计分析 [M]. 北京：北京师范大学出版社，2008.

[22] 刘春晖，辛自强．5—8 年级学生分数概念的发展 [J]. 数学教育学报，2010，19（5）：59-63.

[23] 刘坚，张丹，綦春霞，等．大陆地区义务教育数学学业状况及影响因素研究 [J]. 全球教育展望，2014，43（12）：44-57.

[24] 刘金花，李洪元，曹子方，等．5—12 岁儿童长度概念的发展：儿童认知发展研究（V）[J]. 心理科学通讯，1984（2）：10-14+66.

[25] 刘晟，刘恩山．学习进阶：关注学生认知发展和生活经验 [J]. 教育学报，2012，（4）：81-87.

[26] 课程教材研究所，小学数学课程教材研究开发中心．义务教育教科书·数学（二年级上册）[M]. 北京：人民教育出版社，2010.

[27] 美国数学及其应用联合会．数学的原理与实践 [M]. 申大维，等译．北京：高等教育出版社，1988：340.

[28] 庞维国，徐晓波，林立甲，等．家庭社会经济地位与中学生学业成绩的关系研究 [J]. 全球教育展望，2013，42（2）：12-21.

[29] 皮亚杰．发生认识论原理 [M]. 王宪钿，译．北京：商务印书馆，1981：16-32.

[30] 綦春霞，张新颜，王瑞霖．八年级学生数学学业水平的现状及其影响因素研究 [J]. 教育学报，2015，11（2）：87-92.

[31] 苏红雨．学生几何素养的内涵与评价研究 [D]. 上海：华东师范大学，

2009.

[32] 王磊，黄鸣春．科学教育的新兴研究领域：学习进阶研究 [J]．课程·教材·教法，2014，34（1）：112-118.

[33] 王蕾．Rasch 测量原理及在高考命题评价中的实证研究 [J]．中国考试（研究版），2008（1）：32-39.

[34] 许婷婷．高一学生概率认知发展水平的调查研究 [D]．苏州：苏州大学，2014.

[35] 李杰民，廖运章．条件概率的本质及其教学建议 [J] 数学教育学报，2021，30（1）：54-60.

[36] 姚建欣，郭玉英．为学生认知发展建模：学习进阶十年研究回顾及展望 [J]．教育学报，2014，10（5）：35-42.

[37] 张梅玲，刘静，王宪钿．关于儿童对部分与整体关系认知发展的实验研究：5—10 岁儿童分数认识的发展 [J]．心理科学通讯，1982，（4）：9.

[38] 张启睿，边玉芳，王烨晖，等．学校教育环境与资源对青少年学业成就的影响 [J]．教育研究，2012，33（8）：32-40.

[39] 张皖，辛自强．分数概念的个体建构：起点与机制及影响因素 [J]．数学教育学报，2013，22（1）：27-32.

[40] 张增杰，刘范，赵淑文，等．5—15 岁儿童掌握概率概念的实验研究：儿童认知发展研究（Ⅱ）[J]．心理科学通讯，1985（6）：3-8+66.

[41] 张增杰，刘中华，邱曼君．5—11 岁儿童概率概念认知结构的萌芽及其发展 [J]．西南师范学院学报（自然科学版），1983（2）：29-43.

[42] 中华人民共和国教育部．义务教育数学课程标准（2011 年版）[S]．北京：北京师范大学出版社，2012.

[43] 中华人民共和国教育部．全日制义务教育数学课程标准（实验稿）[S]．北京：北京师范大学出版社，2001.

[44] 中华人民共和国教育部．义务教育数学课程标准（2022 年版）[S]．北京：北京师范大学出版社，2022.

[45] 左梦兰，刘静娴，周蓉，等．国内五个地区 5—11 岁儿童数列概念发展的研究：儿童认知发展研究（Ⅳ）[J]．心理学报，1984（2）：174-181.

附录1
教师关于学生概率认知状况的 KCS 调查

尊敬的老师，非常感谢您参与我们的问卷调查。您可以不填写您的姓名，但我们希望您填写其余的信息。您的邮箱仅用于我们后续可能进行的追访，一般情况下不会对您有进一步打扰。

温馨提示：题目本身不需要您作答。我们需要您作答的是：请根据您的专业知识和教学经验，对您所任教年级学生的作答情况进行预测。例如，某老师任教的年级是七年级，他所作的预测是对七年级学生作答情况的预测。我们希望您尽可能详细作答，这对我们十分重要。

基本信息：

任教年级 ＿＿＿＿＿＿＿＿＿   姓名 ＿＿＿＿＿＿   性别 ＿＿＿＿

学历 ＿＿＿＿＿＿   教龄 ＿＿＿＿＿＿   职称 ＿＿＿＿＿＿   邮箱 ＿＿＿＿＿＿

请您先仔细阅读问题 1—问题 5：

问题 1. 不透明的盒子里有 1 个黑球和 2 个白球，它们除颜色外均相同。摇一摇，闭上眼睛从盒子里摸出 2 个球。请问：摸出的这 2 个球，是"1 个黑球和 1 个白球"的可能性大，"2 个白球"的可能性大，还是一样大？

问题 2. 不透明的盒子里有 2 个黑球和 2 个白球，它们除颜色外均相同。摇一摇，闭上眼睛从盒子里摸出 2 个球。请问：摸出的这 2 个球，是"1 个黑球和 1 个白球"的可能性大，"2 个白球"的可能性大，还是一样大？

问题 3. 不透明的盒子里有 1 个黑球、1 个绿球和 2 个白球，它们除颜色外均相同。摇一摇，闭上眼睛从盒子里摸出 2 个球。请问：摸出的这 2 个球，是"1 个黑球和 1 个白球"的可能性大，"2 个白球"的可能性大，还是一样大？

　　问题 4. 现有两个不透明的盒子。左边盒子里有 1 个黑球、1 个白球，右边盒子里也有 1 个黑球、1 个白球，它们除颜色外均相同。摇一摇，闭上眼睛从两个盒子里各摸出 1 个球。请问：摸出的这 2 个球，是"1 个黑球和 1 个白球"的可能性大，"2 个白球"的可能性大，还是一样大？

　　问题 5. 现有两个不透明的盒子。左边盒子里有 1 个黑球、2 个白球，右边盒子里有 1 个绿球、1 个白球，它们除颜色外均相同。摇一摇，闭上眼睛从两个盒子里各摸出 1 个球。请问：摸出的这 2 个球，是"1 个黑球和 1 个白球"的可能性大，"2 个白球"的可能性大，还是一样大？

问题 1—问题 5 选项：

　　A."1 个黑球和 1 个白球"　 B."2 个白球"　 C. 一样大　 D. 不确定

请您回答：

　　1. 请您仔细阅读并比较问题 1 和问题 2；问题 1 和问题 2 的答案都是"A"。

　　（1）请预测：对于 _____ 年级学生，问题 _____ 比问题 _____ 更难。

　　（2）请设想和比较学生解答两道题的过程，并具体分析，更难的那一题难在何处？

　　2. 请您仔细阅读并比较问题 2 和问题 3；问题 2 和问题 3 的答案都是"A"。

　　（1）请预测：对于 _____ 年级学生，问题 _____ 比问题 _____ 更难。

　　（2）请设想和比较学生解答两道题的过程，并具体分析，更难的那一题难在何处？

　　3. 请您仔细阅读并比较问题 2 和问题 4；问题 2 和问题 4 的答案都是"A"。

　　（1）请预测：对于 _____ 年级学生，问题 _____ 比问题 _____ 更难。

　　（2）请设想和比较学生解答两道题的过程，并具体分析，更难的那一题难在何处？

　　4. 请您仔细阅读并比较问题 4 和问题 5；问题 4 的答案是"A"，问题 5

的答案是"B"。

（1）请预测：对于 _____ 年级学生，问题 _____ 比问题 _____ 更难。

（2）请设想和比较学生解答两道题的过程，并具体分析，更难的那一题难在何处？

谢谢您的作答！

附录2　教师调查问卷典型作答（部分）

1. 请您仔细阅读并比较问题 1 和问题 2；问题 1 和问题 2 的答案都是 "A"。

【典型作答】

0707 号教师：

（1）请预测：对于_七_年级学生，问题_1_比问题_2_更难。

（2）请设想和比较学生解答两道题的过程，并具体分析，更难的那一题难在何处？

答：问题 2 中黑球与白球数量相等，更易于理解"等概率"；学生基于生活经验的猜想是符合常理的，也符合概率问题的本质。而问题 1 中的黑球、白球不同，不利于学生理解。

0712 号教师：

（1）请预测：对于_七_年级学生，问题_2_比问题_1_更难。

（2）请设想和比较学生解答两道题的过程，并具体分析，更难的那一题难在何处？

答：（设想学生作答过程）问题 1：●○○　$P（1黑1白）=\dfrac{1}{3}$，$P（2个白球）=\dfrac{1}{3}$；

问题 2：●●○○　$P（1黑1白）=\dfrac{1}{3}$，$P（2个白球）=\dfrac{1}{3}$。

问题 2 对于学生稍加困难，可能是因为球的个数更多一些。

0804 号教师：

（1）请预测：对于_八_年级学生，问题_1_比问题_2_更难。

（2）请设想和比较学生解答两道题的过程，并具体分析，更难的那一题难在何处?

答:八年级学生未学习"概率"一章,不清楚应将同色小球标号,只能从生活常识判断。问题 2 不管是常识还是感觉,只有两个白球还都被摸到显然比取一黑一白难;而问题 1 情况较少,抽出两个白球感觉上可能性也不小。对学生来说,缺乏对等可能性的认识。

0905 号教师:

(1)请预测:对于 九 年级学生,问题 2 比问题 1 更难。

(2)请设想和比较学生解答两道题的过程,并具体分析,更难的那一题难在何处?

答:对于问题 1 和问题 2,难点都在于学生是否能区分对待两个黑球或两个白球,如果能想到标注黑①、黑②以及白①、白②,再去作分析,应该会很好突破。

0909 号教师:

(1)请预测:对于 九 年级学生,问题 2 比问题 1 更难。

(2)请设想和比较学生解答两道题的过程,并具体分析,更难的那一题难在何处?

答:①感性认识:问题 1 中,摸到两个白球只有一种情况,摸到白黑球有两种可能;问题 2 中,摸到两个白球有一种可能,摸到白黑球有多于一种可能,总的可能性结果数相同;②理性计算分析:难点在于问题 2 中所有可能的结果数。初三学生更偏向于理性思维。

2. 请您仔细阅读并比较问题 2 和问题 3;问题 2 和问题 3 的答案都是"A"。

【典型作答】

0707 号教师:

(1)请预测:对于 七 年级学生,问题 3 比问题 2 更难。

(2)请设想和比较学生解答两道题的过程,并具体分析,更难的那一题难在何处?

答：处理三个颜色的信息一定难于两个颜色的信息；学生对颜色是否影响随机性的理解决定了本题能否顺利完成。

0901 号教师：

（1）请预测：对于 九 年级学生，问题 3 比问题 2 更难。

（2）请设想和比较学生解答两道题的过程，并具体分析，更难的那一题难在何处？

答：解答方法同上，出错的原因要么数错，要么不会，无从着手，死数，无序而做错，颜色多了，情况复杂了。也有学生选 D，究其原因说只摸一次，谁知道呢！

3. 请您仔细阅读并比较问题 2 和问题 4；问题 2 和问题 4 的答案都是"A"。

【典型作答】

0713 号教师：

（1）请预测：对于 七 年级学生，问题 2 比问题 4 更难。

（2）请设想和比较学生解答两道题的过程，并具体分析，更难的那一题难在何处？

答：问题 4，从两个盒子中摸出不同颜色的球的可能性是 $\frac{1}{2}$，比较好分析。而问题 2 中 4 个球在一个盒子中，需要学生明确所有可能出现的结果。

0804 号教师：

（1）请预测：对于 八 年级学生，问题 4 比问题 2 更难。

（2）请设想和比较学生解答两道题的过程，并具体分析，更难的那一题难在何处？

答：由上述分析，问题 2 从常识上去判断比较容易，而问题 4 会有相当一部分学生认为两黑、一黑一白、两白三种情况概率相同。相对来说，个人认为问题 4 难度较问题 2 稍难，均需要学生认清单位"1"。

0901 号教师：

（1）请预测：对于 九 年级学生，问题 4 比问题 2 更难。

（2）请设想和比较学生解答两道题的过程，并具体分析，更难的那一题难在何处？

答：盒子数增加，情况似乎变复杂了，有学生反应不过来，与盒子的多少无关，纠结在左、右盒子而犯糊涂。

4. 请您仔细阅读并比较问题 4 和问题 5；问题 4 的答案是"A"，问题 5 的答案是"B"。

【典型作答】

0707 号教师：

（1）请预测：对于 七 年级学生，问题 5 比问题 4 更难。

（2）请设想和比较学生解答两道题的过程，并具体分析，更难的那一题难在何处？

答：问题 4 的两个盒子中球的数量是一样的，而问题 5 中两个盒子中的不等数量及两个盒子之间的相关性确实会给学生很大困扰。

0713 号教师：

（1）请预测：对于 七 年级学生，问题 5 比问题 4 更难。

（2）请设想和比较学生解答两道题的过程，并具体分析，更难的那一题难在何处？

答：问题 5 中两个盒子所放球的颜色和数量不同，学生需要单独分析每种情况，并把所有可能出现的结果分析出来，而问题 4 中两个盒子中球的情况是相同的。

0804 号教师：

（1）请预测：对于 八 年级学生，问题 4 比问题 5 更难。

（2）请设想和比较学生解答两道题的过程，并具体分析，更难的那一题难在何处？

答：问题 5 虽然情况复杂，但没有明显的易错点，相对来说，学生只要经过分析，便可判断出两白有两种情况，而 1 黑 1 白情况唯一。本题唯一的难点在于逻辑推理。

附录3　古典概率测试

学校 _____　　年级 _____　　班级 _____

姓名 _____　　性别 _____　　测试时间 ____ 年 ____ 月 ____ 日

　　说明：初中数学教材中虽未明确提及"样本空间"这一概念术语，但已然涉及这方面的内容。本研究为了方便讨论，采用这一概念进行阐述。事实上，国际中学数学教材中也大都涉及这一概念，即 sample space。

　　1. 不透明的盒子里有 1 个黑球和 2 个白球，它们除颜色外均相同。摇一摇，闭上眼睛从盒子里同时摸出 2 个球。请问：

　　（Task 1：样本空间）一共有几种可能的摸法？（　　）

　　A. 1 种　　　B. 2 种　　　C. 3 种　　　D. 其他

请列出这几种可能的摸法：

　　（Task 2：概率比较）摸出的这 2 个球，是"2 个白球"的可能性大，"1 个黑球和 1 个白球"的可能性大，还是一样大？（　　）

　　A. "2 个白球"　　　　　B. "1 个黑球和 1 个白球"

　　C. 一样大　　　　　　D. 不确定

　　（Task 3：概率计算）摸出"1 个黑球和 1 个白球"的可能性有多大？（　　）

　　A. $\frac{1}{2}$　　　B. $\frac{1}{3}$　　　C. $\frac{2}{3}$

　　D. 其他　　　E. 无法计算

　　2. 不透明的盒子里有 2 个黑球和 2 个白球，它们除颜色外均相同。摇一摇，闭上眼睛从盒子里同时摸出 2 个球。请问：

　　（Task 1：样本空间）一共有几种可能的摸法？（　　）

A. 3 种　　　B. 4 种　　　C. 6 种　　　D. 其他

请列出这几种可能的摸法：

（Task 2：概率比较）摸出的这 2 个球，是"2 个白球"的可能性大，"1 个黑球和 1 个白球"的可能性大，还是一样大？（　　）

A."2 个白球"　　　　　　　B."1 个黑球和 1 个白球"

C. 一样大　　　　　　　　D. 不确定

（Task 3：概率计算）摸出"1 个黑球和 1 个白球"的可能性有多大？（　　）

A. $\frac{1}{2}$　　　B. $\frac{1}{3}$　　　C. $\frac{2}{3}$

D. $\frac{1}{4}$　　　E. 其他　　　F. 无法计算

3. 不透明的盒子里有 1 个黑球、1 个绿球和 2 个白球，它们除颜色外均相同。摇一摇，闭上眼睛从盒子里同时摸出 2 个球。请问：

（Task 1：样本空间）一共有几种可能的摸法？（　　）

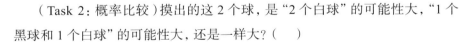

A. 3 种　　　B. 4 种　　　C. 6 种　　　D. 其他

请列出这几种可能的摸法：

（Task 2：概率比较）摸出的这 2 个球，是"2 个白球"的可能性大，"1 个黑球和 1 个白球"的可能性大，还是一样大？（　　）

A."2 个白球"　　　　　　　B."1 个黑球和 1 个白球"

C. 一样大　　　　　　　　D. 不确定

（Task 3：概率计算）摸出"1 个黑球和 1 个白球"的可能性有多大？（　　）

A. $\frac{1}{2}$　　　B. $\frac{1}{3}$　　　C. $\frac{2}{3}$

D. $\frac{1}{4}$　　　E. 其他　　　F. 无法计算

4. 不透明的盒子里有 2 个黑球和 3 个白球，它们除颜色外均相同。摇一摇，闭上眼睛从盒子里同时摸出 2 个球。请问：

（Task 1：样本空间）一共有几种可能的摸法？（ ）

A. 3 种　　　　B. 6 种　　　　C. 10 种　　　D. 其他

请列出这几种可能的摸法：

（Task 2：概率比较）摸出的这 2 个球，是"2 个白球"的可能性大，"1 个黑球和 1 个白球"的可能性大，还是一样大？（ ）

A. "2 个白球"　　　　　　　B. "1 个黑球和 1 个白球"

C. 一样大　　　　　　　　　D. 不确定

（Task 3：概率计算）摸出"1 个黑球和 1 个白球"的可能性有多大？（ ）

A. $\frac{1}{2}$　　　　B. $\frac{3}{5}$　　　　C. $\frac{2}{3}$

D. $\frac{1}{3}$　　　　E. 其他　　　　F. 无法计算

5. 不透明的盒子里有 2 个黑球、2 个白球和 1 个绿球，它们除颜色外均相同。摇一摇，闭上眼睛从盒子里同时摸出 2 个球。请问：

（Task 1：样本空间）一共有几种可能的摸法？（ ）

A. 4 种　　　　B. 6 种　　　　C. 10 种　　　D. 其他

请列出这几种可能的摸法：

（Task 2：概率比较）摸出的这 2 个球，是"2 个白球"的可能性大，"1 个黑球和 1 个白球"的可能性大，还是一样大？（ ）

A. "2 个白球"　　　　　　　B. "1 个黑球和 1 个白球"

C. 一样大　　　　　　　　　D. 不确定

（Task 3：概率计算）摸出"1 个黑球和 1 个白球"的可能性有多大？（ ）

A. $\frac{1}{2}$　　　　B. $\frac{1}{5}$　　　　C. $\frac{2}{5}$

D. $\frac{1}{4}$　　　　E. 其他　　　　F. 无法计算

附录4 组合知识问卷

学校 _____ 年级 _____ 班级 _____

姓名 _____ 性别 _____ 测试时间 ____年____月____日

1. 不透明的盒子里有 1 个黑球和 2 个白球，它们除颜色外均相同。我们对相同颜色的球进行了标记。摇一摇，闭上眼睛从盒子里摸出 2 个球。请问：摸出的这 2 个球，一共有几种可能的搭配?（　　）

　　A. 1 种　　　B. 2 种　　　C. 3 种　　　D. 其他

　　请列出这几种可能的搭配：

2. 不透明的盒子里有 2 个黑球和 2 个白球，它们除颜色外均相同。我们对相同颜色的球进行了标记。摇一摇，闭上眼睛从盒子里摸出 2 个球。请问：摸出的这 2 个球，一共有几种可能的搭配?（　　）

　　A. 3 种　　　B. 4 种　　　C. 6 种　　　D. 其他

　　请列出这几种可能的搭配：

3. 不透明的盒子里有 1 个黑球、1 个绿球和 2 个白球，它们除颜色外均相同。我们对相同颜色的球进行了标记。摇一摇，闭上眼睛从盒子里摸出 2 个球。请问：摸出的这 2 个球，一共有几种可能的搭配？（　　）

A. 3 种　　　　B. 4 种　　　　C. 6 种　　　　D. 其他

请列出这几种可能的搭配：

4. 不透明的盒子里有 2 个黑球和 3 个白球，它们除颜色外均相同。我们对相同颜色的球进行了标记。摇一摇，闭上眼睛从盒子里摸出 2 个球。请问：摸出的这 2 个球，一共有几种可能的搭配？（　　）

A. 3 种　　　　B. 6 种　　　　C. 10 种　　　　D. 其他

请列出这几种可能的搭配：

5. 不透明的盒子里有 2 个黑球、2 个白球和 1 个绿球，它们除颜色外均相同。我们对相同颜色的球进行了标记。摇一摇，闭上眼睛从盒子里摸出 2 个球。请问：摸出的这 2 个球，一共有几种可能的搭配？（　　）

A. 4 种　　　　B. 6 种　　　　C. 10 种　　　　D. 其他

请列出这几种可能的搭配：

附录5 直觉性因素问卷

学校＿＿＿＿＿＿ 年级＿＿＿＿＿＿ 班级＿＿＿＿＿＿

姓名＿＿＿＿＿＿ 性别＿＿＿＿＿＿ 测试时间＿＿＿年＿＿＿月＿＿＿日

说明：

（1）每个直觉性因素包含3个问题，本问卷共设计了3×7=21个问题。

（2）为避免同类问题连续出现，在施测时打乱了各问题的顺序。其中问题1、8、14考察的是"随机性直觉"，问题2、10、15考察的是"独立性直觉"，问题3、9、16考察的是"可度量性直觉"，问题4、11、17考察的是"规律性直觉"，问题5、18、19考察的是"等可能性偏见"，问题6、12、21考察的是"客观性直觉"，问题7、13、20考察的是"代表性启发"。

（3）为有效过滤敷衍作答，在表述上兼顾了正向问题和反向问题。

（4）关于这些直觉性因素的界定详见第二章。

同学们好！请你根据自己的理解和实际情况，对下列问题的认可程度进行评判。认可程度分为完全不同意（1）、不同意（2）、不确定（3）、基本同意（4）、完全同意（5）。请在对应的数字上画圈。

问　题	完全不同意	不同意	不确定	基本同意	完全同意
1. 盒子里有黑巧克力、白巧克力若干，现在闭上眼睛摸出一颗巧克力，摸出黑巧克力是有可能的。	1	2	3	4	5
2. 如果连续抛一枚硬币9次，都是正面朝上，那么第10次应该是反面朝上，因为不会总是出现正面朝上。	1	2	3	4	5

问　题	完全不同意	不同意	不确定	基本同意	完全同意
3. 我们可以根据篮球运动员在以往 1000 场比赛中的罚球命中率，预测他在今天比赛中某次罚球命中的概率。	1	2	3	4	5
4. 某位篮球运动员的罚球命中率是 90%。假如他重复罚球 100 次，那么命中的次数在 90 次左右。	1	2	3	4	5
5. 对于一个随机事件，它的概率总是 50%。	1	2	3	4	5
6. 对于随机事件的概率，我认为它与我的喜好或兴趣有关。假如我喜欢某个结果，它出现的概率就会更大；假如我讨厌某个结果，它出现的概率就会更小。	1	2	3	4	5
7. 重复抛一枚均匀的硬币 6 次，并依次记下第 1 次到第 6 次的结果。抛出"反、正、正、反、正、反"的概率比抛出"正、反、正、反、正、反"的概率大。	1	2	3	4	5
8. 一个盒子里有 1 个黑球和 100 个白球，闭上眼睛从中摸出 1 个球，摸出的这个球有可能是黑球。	1	2	3	4	5
9. 一个盒子里有 100 个黑球和 100 个白球，闭上眼睛摸出 2 个球，对于"摸出'1 个黑球和 1 个白球'的概率有多大"这个问题，理论上是可以计算出来的。	1	2	3	4	5
10. 小乐在做 10 道选择题，每道题有 A、B、C、D 四个选项。小乐蒙了前 9 道题，全蒙错了。如果第 10 题他再蒙的话，会蒙对。	1	2	3	4	5
11. 一个盒子里有黑球和白球共 10 个。现在从中摸出 1 个球，然后放回，再摸出 1 个球，再放回，……，如此有放回地重复摸球 1000 次，如果有 600 次左右摸出的是黑球，那么盒子里黑球的个数大约有 6 个。	1	2	3	4	5
12. 对于随机事件的概率，我认为它与"上帝""老天"或"神"的旨意有关，事件的概率是受到这些因素的控制的。	1	2	3	4	5
13. 有一枚均匀的骰子，小乐先后掷了两次并记下了结果。小乐"第一次掷出 5，第二次掷出 6"的概率比"两次都掷出 6"的概率大，因为连续两次都掷出 6 太难了。	1	2	3	4	5
14. 天气预报说"明天有 80% 的可能性会下雨"，意思是明天一定会下雨。	1	2	3	4	5
15. 连续抛一枚均匀的硬币 9 次，如果接下来抛第 10 次，第 10 次的结果与前 9 次的结果有某种程度的联系。	1	2	3	4	5

问　　题	完全不同意	不同意	不确定	基本同意	完全同意
16. 概率是一种神秘的东西，我们面临随机问题时，某个事件的概率是不能被预测出来的。	1	2	3	4	5
17. 一个盒子里有 3 个黑球和 1 个白球。现摸出 1 个球，再放回，再摸出 1 个球，再放回，……，如此有放回地重复摸球 1000 次，大约有 750 次左右摸出的是黑球。	1	2	3	4	5
18. 某位篮球运动员的罚球命中率是 90%。在一次正常的罚球前，小乐预测该运动员命中的概率是 $\frac{1}{2}$，因为"球要么进，要么不进"。	1	2	3	4	5
19. 放学后，有 2 个男生和 2 个女生留下来没走。班主任从这 4 位同学中随机挑选 2 位打扫卫生。班主任挑到"1 男 1 女"的可能性为 $\frac{1}{3}$，因为要么挑到"2 个男生"，要么挑到"2 个女生"，要么挑到"1 男 1 女"。	1	2	3	4	5
20. 一位外国的母亲先后生了 6 个孩子，她先后生出"男孩、女孩、女孩、男孩、女孩、男孩"的可能性比先后生出"男孩、男孩、男孩、男孩、女孩、男孩"的可能性更大。	1	2	3	4	5
21. 对于随机事件的概率，我认为它与人的意志或信念有关。假如我祈祷某个结果出现，那么它出现的概率就会更大；假如我祈祷某个结果不出现，那么它出现的概率就会更小。	1	2	3	4	5

附录

附录6 古典概率测试项目特征曲线

说明：

（1）项目特征曲线是指被试在试题上正确作答概率对潜在特质分数的回归曲线，潜在特质分数越大，正确作答的概率也就越大。

（2）图中的横坐标表示潜在的特质水平分数（被试的能力），纵坐标表示正确作答的概率。

（3）图中曲线代表项目特征曲线，虚线代表实际数据拟合曲线，Weighted MNSQ 表示拟合指数。通常情况下，拟合指数在 0.7～1.3 之间说明测试的拟合较好。

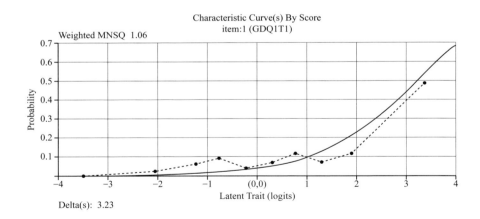

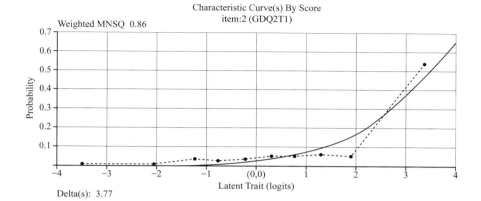

Characteristic Curve(s) By Score
item:2 (GDQ2T1)

Weighted MNSQ 0.86

Delta(s): 3.77

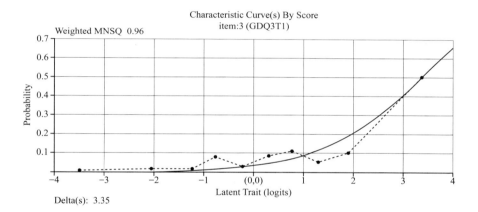

Characteristic Curve(s) By Score
item:3 (GDQ3T1)

Weighted MNSQ 0.96

Delta(s): 3.35

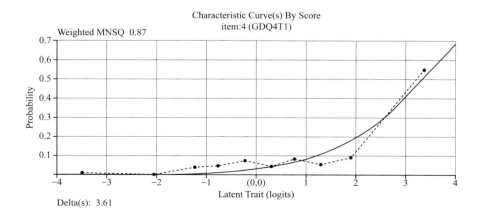

Characteristic Curve(s) By Score
item:4 (GDQ4T1)

Weighted MNSQ 0.87

Delta(s): 3.61

附录

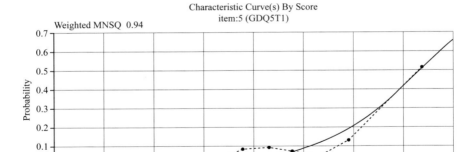

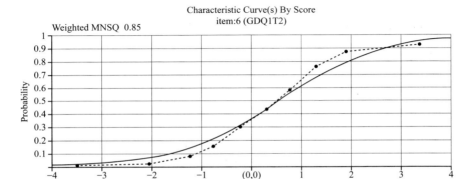

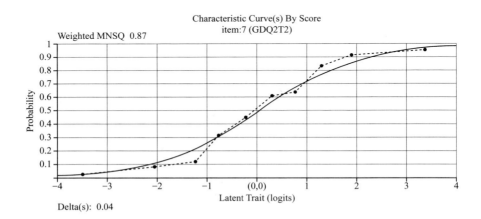

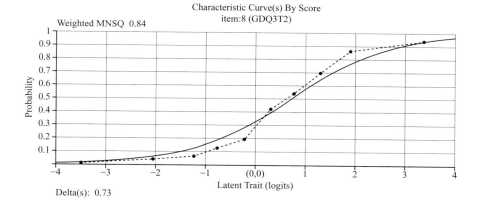

Characteristic Curve(s) By Score
item:8 (GDQ3T2)

Weighted MNSQ 0.84

Delta(s): 0.73

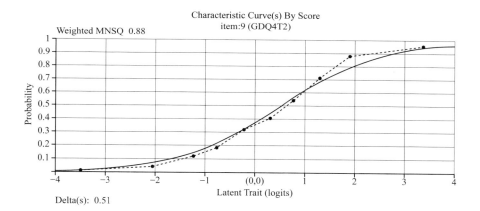

Characteristic Curve(s) By Score
item:9 (GDQ4T2)

Weighted MNSQ 0.88

Delta(s): 0.51

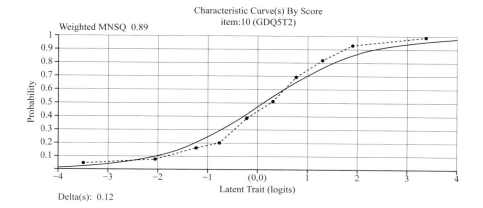

Characteristic Curve(s) By Score
item:10 (GDQ5T2)

Weighted MNSQ 0.89

Delta(s): 0.12

附录

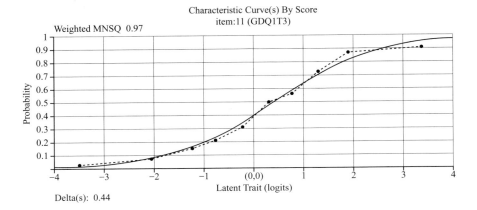

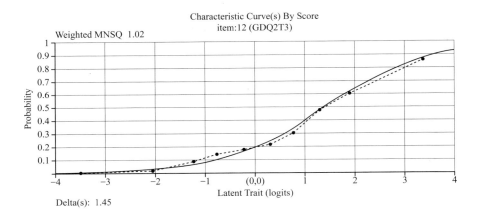

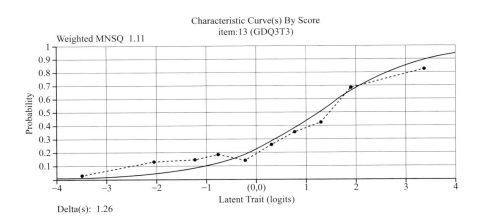

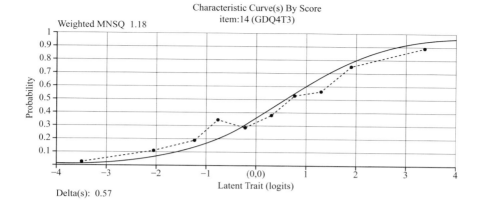

Characteristic Curve(s) By Score
item:14 (GDQ4T3)

Weighted MNSQ 1.18

Delta(s): 0.57

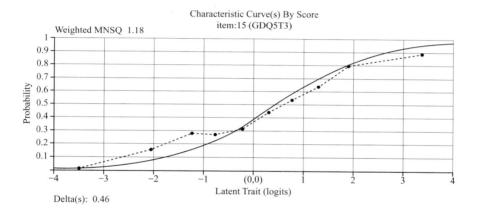

Characteristic Curve(s) By Score
item:15 (GDQ5T3)

Weighted MNSQ 1.18

Delta(s): 0.46

附录

本研究于 2015 年构思、设计，于 2016 年正式开展。回望整个研究历程，大部分时间都处于纠结状态：问题表述清晰吗？文献梳理全面吗？工具设计合理吗？数据挖掘到位吗？结果讨论透彻吗？教学建议适切吗？我无数次地这样质问自己、反驳自己。我深知这种纠结状态对于做研究来说既是正常的，又是必需的，如此才能考虑得更成熟、更全面、更深入。

在此过程中，要感谢的人太多。

感谢博士导师綦春霞教授。綦老师深耕数学教育研究多年，对待事业孜孜不倦、精益求精，对待学生宽严相济、张弛有度。回望在北京读书的那些日子，每一帧回忆都如此美好：英东楼的师门组会，京师学堂的大咖讲座，高精尖中心的命题研讨，基础教育质量监测中心的试卷分析……这些宝贵的学习经历，都离不开綦老师的引领和支持。感谢綦老师多年来在学业、工作上的启迪和指导。

感谢东北师范大学史宁中教授、香港大学梁贯成教授、首都师范大学刘晓玫教授、首都师范大学石鸥教授、北京语言大学谢小庆教授、美国德州农工大学李业平教授、美国特拉华大学蔡金法教授及北京师范大学刘坚教授、韦小满教授、张春莉教授等专家学者对本研究提出的中肯建议。

感谢为本研究数据收集提供帮助的老师们。在预研究阶段，北京民族学校黄兵彦老师、北京教育学院附属丰台实验学校罗琳老师及北京中学申海东老师不厌其烦地组织测评和访谈。在正式研究阶段，青岛市教育科学研究院的安志军老师为被试的分层取样提供了精准高效的帮助。感谢北京民族学校、北京中学、青岛市第三十九中学、青岛市第四十二中学及平度市云山中学的孩子们，每次分析数据时脑海里都会浮现这群可爱的"小精灵"。没有你们，本研究是不可能顺利展开的。

感谢外导 Jon 为我提供了便利的科研条件、浓厚的研讨氛围、精准的学术指导。感谢巩子坤教授引领我走进数学教育研究的大门，让我从中领略到钻研学问、探索奥秘的快乐。感谢王瑞霖师姐、李孝诚师兄、周慧师姐、白永潇师姐、郝连明师兄、宵丰、柱柱、曹辰、张迪、路红等师门同好一直以来的关心与支持。感谢上海师范大学数理学院石旺舟院长、郭谦副院长、王晚生副院长、田红炯教授以及教务处储继峰教授的鼓励与帮助。上海教育出版社曲春蕊编辑对结构、内容、版式等方面都提出了很好的建议，感谢她细致认真的工作。

感谢家人多年来对我的理解、包容和支持，你们是我求学、事业路上的坚强后盾。

本书出版得到"上海市浦江人才计划"（课题编号：2019PJC079）的资助，特致谢意。

本书原稿近 500 页，系统刻画了初中生古典概率和频率概率的学习进阶、影响因素及作用机制的图景。限于篇幅，未能将研究的"另一半"呈现给读者，略有缺憾。因本人水平有限，疏漏之处敬请诸位前辈、同仁批评指正。

何声清

2022 年夏于上海

图书在版编目（CIP）数据

初中生如何学概率：学习进阶及其影响因素的视角 /
何声清著. — 上海：上海教育出版社，2022.7
ISBN 978-7-5720-1527-4

Ⅰ.①初… Ⅱ.①何… Ⅲ.①概率论－初中－教学参
考资料 Ⅳ.①G633.663

中国版本图书馆CIP数据核字(2022)第118503号

责任编辑　曲春蕊
封面设计　金一哲

Chuzhongsheng Ruhe Xue Gailv
初中生如何学概率：学习进阶及其影响因素的视角
何声清　著

出版发行　上海教育出版社有限公司
官　　网　www.seph.com.cn
地　　址　上海市闵行区号景路159弄C座
邮　　编　201101
印　　刷　上海颛辉印刷厂有限公司
开　　本　700×1000　1/16　印张 15.5
字　　数　230 千字
版　　次　2022年7月第1版
印　　次　2022年7月第1次印刷
书　　号　ISBN 978-7-5720-1527-4/G·1221
定　　价　49.80 元

如发现质量问题，读者可向本社调换　电话：021-64373213